WISSEN UND GESCHICHTEN

SAVOIRS ET HISTOIRES

DIE SCHÖNSTEN MUSEEN DER SCHWEIZ

•

LES PLUS BEAUX MUSÉES DE SUISSE

VORWORT

DIE SCHÖNSTEN MUSEEN DER SCHWEIZ

Unterirdische Schätze, ein Bürgerpalast der Neorenaissance, ein innovatives Stadtmuseum oder Lichtgestalten in der Rauchküche: Wir stellen Ihnen 50 Museen vor, die bedeutende Bauwerke aus allen Epochen auf intelligente Art bespielen und damit frische Impulse setzen. Sie vermitteln Wissen, eröffnen überraschende Perspektiven, setzen Altes neu in Wert und leisten damit einen zentralen Beitrag zum Erhalt und der Weiterenwicklung des materiellen und immateriellen Kulturerbes.

Die Ausgabe «Wissen und Geschichten» präsentiert Institutionen, die sich naturwissenschaftlichen und gesellschaftlichen Fragen widmen, und ist ein Querschnitt durch die Vielfalt der Schweizerischen Museumslandschaft. Über Kunstmuseen erscheint 2016 ein separater Band.

Museen sammeln, pflegen, erforschen, deuten und vermitteln materielle Zeugnisse des Wirkens von Mensch und Natur. Museumsarbeit und Heimatschutz sind damit aufs Engste verwandt. Lassen Sie sich inspirieren zu einer Auseinandersetzung mit «dem Original»!

Schweizer Heimatschutz, 2015

AVANT-PROPOS

Des trésors enterrés, un palais bourgeois néo-Renaissance, un musée municipal innovant, des ombres chinoises dans une cuisine-fumoir: nous vous présentons ici 50 musées qui tirent intelligemment parti d'édifices de toutes les époques et donnent ainsi des impulsions stimulantes. Ils transmettent des connaissances, ouvrent des perspectives inattendues, mettent en valeur les témoignages du passé et fournissent ainsi une contribution majeure à la sauvegarde et au développement du patrimoine matériel et immatériel.

Consacrée aux institutions traitant de thématiques relevant des sciences naturelles et humaines, la présente édition, intitulée «Savoirs et histoires», offre un aperçu de la diversité du paysage muséal suisse. Un volume spécifiquement dédié aux musées d'art paraîtra en 2016.

Les musées collectionnent, entretiennent, étudient, interprètent et font connaître les traces et produits matériels de l'activité humaine et des processus naturels. De fait, le travail des musées et celui des milieux du patrimoine sont étroitement apparentés. Laissez-vous tenter par une confrontation avec «l'original»!

Patrimoine suisse, 2015

INHALTSVERZEICHNIS
TABLE DES MATIÈRES

SUISSE OCCIDENTALE ET VALAIS
WESTSCHWEIZ UND WALLIS

•

BERN, NORDWESTSCHWEIZ
BERNE, NORD-OUEST DE LA SUISSE

•

23 Ballyana – Sammlung Industriekultur, Schönenwerd SO
24 Stadtmuseum Aarau, Aarau AG
25 Vindonissa-Museum, Brugg AG
26 Strohmuseum im Park, Wohlen AG

ZENTRAL-, NORDSCHWEIZ UND ZÜRICH
SUISSE CENTRALE, NORD DE LA SUISSE ET ZURICH

•

27 Rathausmuseum, Sempach LU
28 Nidwaldner Museum, Stans NW
29 Museum Bruder Klaus, Sachseln OW
30 Museum Burg Zug, Zug ZG
31 Ziegelei–Museum, Hagendorn / Cham ZG
32 Heimatschutzzentrum, Zürich ZH
33 Museum für Gestaltung – Schaudepot, Zürich ZH
34 Gewerbemuseum, Winterthur ZH
35 Museum Kloster Sankt Georgen, Stein am Rhein SH
36 Typorama und PM1, Bischofszell TG

OSTSCHWEIZ, GRAUBÜNDEN UND TESSIN
SUISSE ORIENTALE, GRISONS ET TESSIN

•

37 Stiftsbibliothek St. Gallen, St. Gallen SG
38 Textilmuseum St. Gallen, St. Gallen SG
39 Grubenmann-Museum, Teufen AR
40 ROOTHUUS GONTEN, Gonten AI
41 Museen Werdenberg, Werdenberg SG
42 Landesplattenberg, Engi GL
43 Museum Sursilvan Cuort Ligia Grigia, Trun GR
44 Rätisches Museum, Chur GR
45 Bahnmuseum Albula, Bergün GR
46 Chesa Planta, Samedan GR
47 Sasso San Gottardo, Airolo TI
48 Museo di Leventina, Giornico TI
49 Museo dei fossili del Monte San Giorgio, Meride TI
50 Museo etnografico della Valle di Muggio, Cabbio TI

WAS IST EIN MUSEUM?

DEFINITION GEMÄSS ICOM, INTERNATIONALER MUSEUMSRAT

«Ein Museum ist eine gemeinnützige, ständige, der Öffentlichkeit zugängliche Einrichtung im Dienst der Gesellschaft und ihrer Entwicklung, die zu Studien-, Bildungs- und Unterhaltungszwecken materielle Zeugnisse von Menschen und ihrer Umwelt beschafft, bewahrt, erforscht, bekannt macht und ausstellt.»

ICOM, Internationaler Museumsrat, 2007

Die Schweizer Museumsfachleute sind im nationalen Komitee des Internationalen Museumsrats ICOM zusammengeschlossen. ICOM Schweiz arbeitet eng mit dem Verband der Museen der Schweiz VMS zusammen. Mit mehr als 750 institutionellen Mitgliedern vertritt der VMS die Interessen der gesamten Schweizer Museumslandschaft gegenüber den Behörden und der Öffentlichkeit.

Die Plattform der Museen in der Schweiz:
www.museums.ch

QU'EST-CE QU'UN MUSÉE?

LA DÉFINITION DU CONSEIL INTERNATIONAL DES MUSÉES (ICOM)

«Un musée est une institution permanente sans but lucratif au service de la société et de son développement ouverte au public, qui acquiert, conserve, étudie, expose et transmet le patrimoine matériel et immatériel de l'humanité et de son environnement à des fins d'études, d'éducation et de délectation.»

Conseil international des musées (ICOM), 2007

Les professionnels suisses des musées sont réunis au sein du comité national du Conseil international des musées (ICOM). ICOM Suisse travaille en étroite collaboration avec l'Association des musées suisses (AMS). Avec plus de 750 institutions membres, l'AMS défend les intérêts du paysage muséal suisse face aux autorités et au grand public.

La plate-forme des musées en Suisse:
www.museums.ch

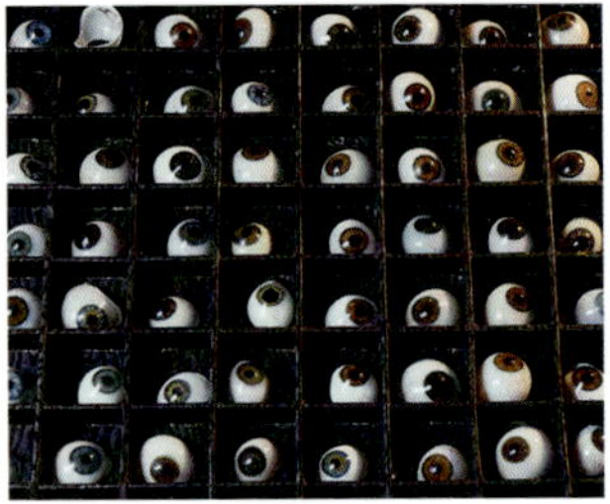

CONTACT

Rue de Lausanne 128, 1202 Genève
022 418 50 60
www.ville-ge.ch/mhs
mer–dim: 10h–17h

•

DATES DE CONSTRUCTION

Construit en 1830
par Félix-Emmanuel Callet
Restauration 1990:
Thierry Sauvin et René Born

NATURWISSENSCHAFTEN IM LUSTSCHLOSS

Johann Jakob Scheuchzers Alpenmodell, ein Setzkasten mit Augenprothesen und viele historische Labor- und Messinstrumente sind in der Sommerresidenz von Jean-François Bartholoni im Parc de la Perle-du-Lac zu entdecken. Das Gebäude selbst ist nicht weniger spektakulär: nach dem Vorbild der Palladio-Villen erbaut, beeindruckte der Genfer Bankier damit seine kosmopolitischen Gäste. Wand- und Deckenmalereien im pompeijanischen Stil sowie mythologische Szenen mit Göttinnen und Meeresmonstern bezeugen die damals modische Antikenbegeisterung. Heute engagiert sich die beliebte Institution mit interaktiven Angeboten für die Förderung des Dialogs zwischen Gesellschaft und Wissenschaften.

DE LA MAISON DE PLAISANCE À LA MAISON DES SCIENCES

Une maquette des Alpes de Johann Jakob Scheuchzer, un meuble à casiers rempli de prothèses d'yeux, de nombreux instruments de mesure et de laboratoire d'époque – il y a toutes sortes de choses à découvrir dans l'ancienne résidence d'été de Jean-François Bartholoni, dans le parc de la Perle-du-Lac. L'édifice est lui-même assez spectaculaire: érigé sur le modèle des villas palladiennes, il permettait au banquier genevois d'impressionner ses hôtes cosmopolites. Des plafonds et peintures murales de style pompéien et des scènes mythologiques figurant des déesses et des monstres marins témoignent de l'enthousiasme que suscitait alors l'Antiquité. Aujourd'hui, cette institution très appréciée promeut, à travers des offres interactives, le dialogue entre sciences et société.

1 MUSÉE D'HISTOIRE DES SCIENCES

GENÈVE / GE

CONTACT

Boulevard Carl-Vogt 65–67
1205 Genève
T 022 418 45 50
www.meg-geneve.ch
mar–dim: 11h–18h

•

DATES DE CONSTRUCTION

Construit entre 1895 et 1899
par Etienne Poncy
Agrandissement 2014:
Graber Pulver Architekten AG

DIE SCHÄTZE DIESER WELT

«Les Archives de la diversité humaine» befinden sich in einer Art unterirdischem Banktresor. Die 2014 eröffnete Erweiterung ergänzt die historischen Bauten mit einem ästhetisch umhüllten, zeichenhaften Eingangstrakt. Das Ensemble fasst einen einladenden Quartierplatz, der von Hager Partner als städtischer Garten gestaltet wurde. Phänomenale Exponate, ein schön gestaltetes Museumsmagazin, eine Fachbibliothek, Archive mit 15'000 Hörproben und ein vielfältiges Veranstaltungsprogramm untermauern die hohen Ambitionen des MEG. Der Frage, wie sich ethnologische Museen in der postkolonialen Welt positionieren sollen, begegnet die Institution unter anderem mit Provenienzforschung.

LES TRÉSORS DE CE MONDE

«Les archives de la diversité humaine» sont abritées dans une véritable chambre forte souterraine. L'agrandissement inauguré en 2014 complète les bâtiments historiques par une aile d'entrée emblématique, à l'enveloppe immaculée. L'ensemble délimite une agréable place de quartier, que le bureau d'architectes-paysagistes Hager Partner a aménagée en jardin urbain. Des objets exceptionnels, un magazine attrayant, une phonothèque comprenant plus de 15'000 enregistrements et un programme de manifestations très varié permettent au MEG de nourrir de hautes ambitions. A la question de savoir comment un musée d'ethnographie doit se positioner à l'ère postcoloniale, l'institution genevoise répond en s'efforçant, entre autres, de déterminer la provenance des objets conservés.

2

MUSÉE D'ETHNOGRAPHIE DE GENÈVE

GENÈVE / GE

CONTACT

Rue Charles-Galland 2, 1206 Genève

022 418 26 00

www.mah-geneve.ch

mar–dim: 11h–18h

•

DATE DE CONSTRUCTION

Construit en 1910

par Marc Camoletti

DER HOF – DAS HERZ

Es nennt sich das grösste enzyklopädische Museum der Schweiz und leidet unter akuter Platznot. Nur ein Bruchteil der renommierten Sammlungen kann derzeit im Haupthaus und vier weiteren Standorten präsentiert werden. Damit die Institution ihren eigenen Ambitionen gerecht werden kann, drängt sich zudem eine umfassende Renovation auf. Ein geplantes Renovations- und Erweiterungsprojekt erhitzt die Gemüter: Der Entwurf der Ateliers Jean Nouvel hat vor, weitere Ausstellungsräume in den quadratischen Innenhof zu bauen. Eine der herausragenden Qualitäten von Marc Camolettis Prachtsbau ist die sensible Lichtführung: Den verschiedenen Oberlichtern und erwähntem Hof kommt dabei eine zentrale Rolle zu.

LA COUR – LE CŒUR

Il se décrit comme le plus grand musée encyclopédique de Suisse et souffre d'un manque de place aigu. Seule une fraction de ses prestigieuses collections peut aujourd'hui être présentée dans le bâtiment principal et les quatre autres sites du réseau MAH. De plus, une rénovation complète s'impose pour que l'institution puisse réaliser ses ambitions. Or, le projet de rénovation et d'agrandissement de Jean Nouvel, qui prévoit de construire de nouvelles salles d'exposition dans la cour intérieure carrée, échauffe les esprits. L'une des principales qualités de l'édifice de Marc Camoletti réside en effet dans la conduite sensible de la lumière, pour laquelle les lanterneaux et la cour en question revêtent une importance primordiale.

3

MUSÉE D’ART ET D’HISTOIRE

GENÈVE / GE

CONTACT
Av. Général Guiguer 3, 1197 Prangins
058 469 38 90
www.chateaudeprangins.ch
mar–dim: 10h–17h
•
DATES DE CONSTRUCTION
Construit entre 1730 et 1739
Restauré entre 1991 et 1998
par la Confédération

ADLIGER ALLTAG UND SELTENES GEMÜSE

Das Tagebuch von Louis-François Guiguer, Baron von Prangins, dokumentiert Freuden und Sorgen der Schlossbewohner von 1771 bis 1786. Die Dauerausstellung «Noblesse oblige!» gewährt vergnüglichen Einblick in die Tagesgeschäfte der Herrschaften. Selbst Voltaire war des Lobes voll für die schöne Lage, nur war ihm zu kalt. Mit dem Bau des Schlosses im 18. Jahrhundert wurde auch die Umgebung neu angelegt. Zu den bemerkenswerten landschaftsgestaltenden Massnahmen gehören eine «salle verte» und ein grosser ummauerter Gemüsegarten. Die dort kultivierten seltenen Früchte und vergessenen Gemüsesorten sind Teil des kulturellen Erbes und können gelegentlich im «Café du Château» gekostet werden.

VIE DE CHÂTEAU ET LÉGUMES RARES

Le journal de Louis-François Guiguer, baron de Prangins, documente les joies et les peines des habitants du château de 1771 à 1786. L'une des expositions permanentes, «Noblesse oblige!», donne à voir le quotidien des maîtres des lieux. Même Voltaire ne tarissait pas d'éloges sur la beauté du site; il y faisait cependant trop froid pour lui. La construction du château s'accompagna, au XVIIIe siècle, d'importants aménagements paysagers. Parmi les interventions les plus remarquables de l'époque figure la création d'une «salle verte» et d'un grand jardin potager entouré d'un mur. Les fruits et légumes rares ou oubliés qui y sont cultivés font partie intégrante du patrimoine culturel, et peuvent être parfois savourés au «Café du Château».

4

MUSÉE NATIONAL SUISSE

CHÂTEAU DE PRANGINS, PRANGINS / VD

CONTACT
Place de la Riponne 6, 1005 Lausanne
021 316 33 10
www.musees.vd.ch/palais-de-rumine/accueil/
mar–jeu: 11h–18h
ven–dim et jours fériés: 11h–17h

•

DATES DE CONSTRUCTION
Construit en 1906
par Gaspard André
Transformations 1997
par Ivan Kolecek
Muséographie par Claude Pecquet

EIN PALAST FÜR DIE BÜRGER

Vor dem üppigen Delfinbrunnen auf dem Mittelpodest der Ehrentreppe wähnt man sich auf einer südländischen Piazza. Als der russische Fürstensohn Gabriel de Rumine 1871 als junger Mann mit 30 Jahren starb, vermachte er seiner Geburtsstadt ein Millionenerbe. Diese errichtete daraus einen Bürgerpalast im florentinischen Neo-Renaissance-Stil zu Ehren von Kunst und Wissenschaft. Fünf kantonale Museen sind zurzeit im Gebäude angesiedelt. Das Kunstmuseum wird mittelfristig in den geplanten Museumspol ziehen, und das Parlament wird seine Sitzungen zukünftig im eigens erstellten Neubau abhalten. Das Zoologische und das Geologische Museum werden weiterhin für Esprit in den ehrwürdigen Gemäuern sorgen.

UN PALAIS POUR LES CITOYENS

Devant l'opulente fontaine à dauphin du palier central de l'escalier d'honneur, on se croirait sur une *piazza* méridionale. Lorsque Gabriel de Rumine, fils de princes russes, mourut en 1871 au jeune âge de 30 ans, il légua 1,5 million de francs à sa ville natale. Cette somme permit la construction d'un palais de style néo-Renaissance florentine, dédié aux arts et aux sciences. L'édifice abrite actuellement cinq musées cantonaux. A moyen terme, le Musée des beaux-arts déménagera dans le futur pôle muséal de la gare, et le Grand Conseil tiendra à nouveau ses séances dans son propre bâtiment, en cours de reconstruction. Les musées de zoologie et de géologie perpétueront l'esprit de ces vénérables murs.

5
PALAIS DE RUMINE
LAUSANNE / VD

CONTACT
Route de Lavaux 21, 1802 Corseaux
www.villalelac.ch
ouvertures selon le site internet
•
DATE DE CONSTRUCTION
Construite en 1923
par Le Corbusier et Pierre Jeanneret
Restauration 2012
par Glatz & Delachaux

KLEINOD DER MODERNE AM GENFERSEE

Dachgarten, freie Grundrissgestaltung und Langfenster: drei der berühmten «fünf Punkte zu einer neuen Architektur» verwirklichten Le Corbusier und sein Vetter Pierre Jeanneret bereits 1923 in dieser kleinen «Wohnmaschine» für die Eltern des ersteren. Durch die optimale Nutzung des bescheidenen Grundstücks und das geschickte Einbeziehen von Aussicht und Aussenraum zeigen die Architekten, wie das «Wohnen am See» auch auf kleinster Fläche eine unerhörte Grosszügigkeit entwickeln kann. Mit viel Liebe zum Detail wird das sorgfältig instand gesetzte Haus als Museum geführt. Als Quelle der Inspiration für Designprojekte soll es sich stets weiterentwickeln.

UN JOYAU LÉMANIQUE DE L'ARCHITECTURE MODERNE

Toit-jardin, plan libre et fenêtre en longueur: ce sont déjà trois des fameux «cinq points d'une architecture nouvelle» que Le Corbusier et son cousin Pierre Jeanneret réalisèrent, en 1923, dans cette petite «machine à habiter» érigée pour les parents du premier. En exploitant de façon optimale le terrain disponible et en intégrant habilement la vue et l'espace extérieur dans leur projet, les architectes démontrèrent qu'au bord du lac, une habitation peut déployer une ampleur insoupçonnée, même sur une parcelle très exiguë. C'est avec un grand amour du détail que la villa, restaurée avec doigté, est exploitée comme musée. L'institution continuera de se développer en permanence en stimulant la création.

6

VILLA «LE LAC» LE CORBUSIER

CORSEAUX / VD

CONTACT

Avenue d'Agaune 19, 1890 Saint-Maurice
024 485 15 34
www.abbaye-stmaurice.ch
mar–ven: 10h–17h30
sam–dim: 13h30–17h30

•

DATES DE CONSTRUCTION

Fondation en 515
Couverture 2010
par savioz fabrizzi architectes

1500 JAHRE UNUNTERBROCHENES GEBET

Seit der burgundische König Sigismund 515 die Abtei an strategisch wichtiger Lage im Rhonetal gegründet hat, wird hier unablässig gebetet. Die Pilgerstätte im Unterwallis ehrt den heiligen Mauritius. Der römische Offizier wurde mitsamt seiner Legion aus ägyptischen Christen hingerichtet und wird seither als Märtyrer verehrt. Die archäologische Stätte zwischen Felswand und Basilika wurde 2010 mit einer preisgekrönten, lichtdurchlässigen Dachkonstruktion vor Steinschlag und Witterung geschützt. Anlässlich des grossen Jubiläums der Abtei wurde nicht nur der Besucherrundgang, sondern auch der Bereich vor der Basilika entlang der zentralen Strasse neu gestaltet und aufgewertet.

1500 ANS DE PRIÈRE ININTERROMPUE

Depuis que l'abbaye fut fondée par le roi burgonde Sigismond, en 515, on y prie sans relâche. Ce lieu de pèlerinage stratégiquement situé dans la plaine du Rhône, dans le Bas-Valais, est dédié à saint Maurice. Depuis que cet officier romain fut exécuté avec sa légion de chrétiens thébains, il est vénéré comme martyr. En 2010, le site archéologique compris entre la falaise et la basilique fut protégé des chutes de pierres par une couverture translucide, récompensée depuis par plusieurs distinctions. A l'occasion du 1500e anniversaire de l'abbaye, le parcours de visite et la zone située devant la basilique, le long de la rue centrale, ont été réaménagés et requalifiés.

7

ABBAYE DE SAINT-MAURICE

SAINT-MAURICE / VS

CONTACT

Chemin de l'Eglise 13, 1934 Le Châble
027 776 15 25
www.museedebagnes.ch
mer–dim: 14h–18h

•

DATES DE CONSTRUCTION

Construit au XVIIe siècle
Transformé en musée en 1984

UNTERWEGS IM WALLIS

Das ehemalige Pfarrhaus in der Nähe der Gondelbahn nach Verbier zeigt drei Wechselausstellungen pro Jahr. Ein Fresko von 1627 und Specksteinöfen schmücken die charakterstarken Räume. Das Haus versteht sich auch als Besucherzentrum für weitere Ausstellungsorte im Tal: so gehören mehrere «Maisons du Patrimoine» wie das Specksteinmuseum in Champsec, die «Maison des Glaciers» in Lourtier und der «Espace Alpin» in Verbier zum Museum. Fachkundige Gastgeber empfangen dort die Besucher. Im Sommer sind mehrere Freilicht-Fotografieausstellungen auf der Staumauer Mauvoisin, einem Foto-Weg ab Ruinettes und per Velo entlang einer 26 km langen Route im Tal zu erkunden.

SUR LES ROUTES DU VALAIS

Dans l'ancienne cure située à proximité de la station aval du téléphérique menant à Verbier, sont organisées trois expositions temporaires par année. Une fresque de 1627 et des poêles en stéatite ornent les salles, qui possèdent beaucoup de cachet. Le bâtiment constitue aussi un centre d'accueil pour les visiteurs qui s'intéressent aux autres lieux d'exposition de la vallée. L'institution comporte en effet plusieurs «Maisons du patrimoine», comme la Maison de la pierre ollaire à Champsec, la Maison des glaciers à Lourtier et l'Espace alpin à Verbier. Les visiteurs y sont reçus par des hôtes qui connaissent leur sujet. En été, plusieurs expositions de photo sont à découvrir sur le barrage de Mauvoisin, sur le sentier photographique partant des Ruinettes et, à vélo, sur l'itinéraire de 26 kilomètres aménagé dans la vallée.

8

MUSÉE DE BAGNES

ET SES MAISONS DU PATRIMOINE, LE CHÂBLE / VS

MUSEEN IN DER SCHWEIZ 1: FRÜHE MUSEALE SAMMLUNGEN

VOM KIRCHENSCHATZ ZUR WUNDERKAMMER

Der Klosterschatz des Chorherrenstifts von Saint-Maurice (Nr. 7) gilt als eine der frühesten Sammlungen von wertvollen religiösen Objekten in der Schweiz. Die Reliquien des heiligen Mauritius und seiner Legion machten die Abtei zum beliebten Wallfahrtsort und zogen weitere kostbare Schenkungen an. Als Horte des Wissens im Mittelalter präsentierten Stifts- und Klosterbibliotheken neben Büchern auch aussergewöhnliche und kuriose Schaustücke. Die Sammlung der Stiftsbibliothek St. Gallen (Nr. 37) geht bis ins 8. Jahrhundert zurück. Die klösterlichen Inszenierungen zielten darauf, den göttlichen Kosmos sinnlich erfahrbar zu machen. Die Veranschaulichung eines Weltbilds durch Raritäten wurde in der Spätrenaissance auch bei Fürsten und vermögenden Bürgern beliebt und unterstrich deren Macht und Einfluss auf die Förderung von Bildung und Kunst. Eine der bedeutendsten Sammlungen ihrer Zeit war im Besitz der Basler Gelehrtenfamilie Amerbach. Basels Bürgermeister persönlich sorgte 1661 dafür, dass das namhafte Amerbach-Kabinett in der Stadt verbleiben und von der Universität übernommen werden konnte. Die hohe Identifikation der Basler Bürger mit dem Kulturgut trug wesentlich dazu bei, dass 1849 das erste städtisch finanzierte Museum der Schweiz an der Augustinergasse eröffnet werden konnte.

DU TRÉSOR D'ÉGLISE AU CABINET DE CURIOSITÉS

Le trésor du chapitre de Saint-Maurice (n° 7) est l'une des premières collections connues d'objets religieux de valeur en Suisse. Les reliques de saint Maurice et de sa légion ont fait de l'abbaye un lieu de pèlerinage très fréquenté, et lui ont valu d'autres dons précieux. Véritables temples du savoir, les bibliothèques conventuelles du Moyen Age ne renfermaient pas seulement des livres, mais aussi des curiosités. La collection de la bibliothèque de l'abbaye de Saint-Gall (n° 37) remonte au VIIIe siècle. La mise en scène des objets visait à rendre le cosmos divin accessible aux sens. Cette manière de communiquer une vision de l'Univers à travers des pièces rares fut adoptée par les princes et riches bourgeois de la Renaissance tardive, à qui elle permettait de faire montre de leur puissance et de leur volonté d'encourager la culture et les arts. L'une des plus importantes collections de l'époque était en possession de la famille d'érudits bâlois Amerbach. En 1661, le bourgmestre de Bâle veilla personnellement à ce que le célèbre cabinet Amerbach reste dans la ville et soit repris par l'Université. La forte identification des bourgeois bâlois au patrimoine culturel contribua pour beaucoup à ce que soit créé en 1849, à l'Augustinergasse, le premier musée de Suisse financé par une ville.

CONTACT

Rue de la Condémine 25, 1630 Bulle
026 916 10 10
www.musee-gruerien.ch
mar–ven: 10h–12h / 13h30–17h
juin–septembre: mar–ven: 10h–17h
sam: 10h–17h, dim: 13h30–17h

•

DATES DE CONSTRUCTION

Construit en 1978 par Roland Charrière
Agrandissement de la bibliothèque 2002: OCSA o charrière architectes
Rénovation 2011: Olivier Charrière

LEBENDIGE TRADITIONEN UND AKTUALITÄT

Mit schwungvoller Geste markiert das auskragende Betondach das Eingangsportal. Um die Präsenz des benachbarten Schlosses nicht zu schmälern, hat der Architekt das Museum und damit vier Fünftel des Bauvolumens ins Erdreich unter den Park versenkt. Tageslicht durchflutet die Räume des Empfangs und der öffentlichen Bibliothek. Eine breite Treppe führt hinab ins Dunkel zur Dauerausstellung über die Entwicklung der Region und das immaterielle Kulturerbe. Das Museum lädt zudem immer wieder Kunstschaffende und das Publikum dazu ein, verschiedene Perspektiven auf die Urbanisierung der Region einzubringen und ermöglicht so einen nuancierten Blick auf die aktuellen Geschehnisse.

TRADITIONS VIVANTES ET ACTUALITÉ

Un auvent de béton en porte-à-faux marque d'un geste dynamique l'entrée du bâtiment. Pour ne pas amoindrir la présence du château voisin, l'architecte a enterré sous le parc le musée, qui constitue les quatre cinquièmes du volume bâti. L'accueil et la bibliothèque publique sont, eux, baignés de lumière naturelle. Un large escalier mène à l'exposition permanente, consacrée au développement de la Gruyère et à son patrimoine immatériel. Quant aux expositions temporaires, elles abordent des thèmes d'actualité. Le musée invite régulièrement les artistes et le public à porter un regard nuancé sur l'urbanisation de la région.

9

MUSÉE GRUÉRIEN

BULLE / FR

CONTACT
Au Château
Rte de l'Eglise 12, 1684 Mézières
026 652 06 30
www.museepapierpeint.ch
avril–octobre, jeu–dim: 13h30–17h
novembre–mars, sam–dim: 13h30–17h

•

DATES DE CONSTRUCTION
Construit au XVIe siècle
Décoration: 1756
Restauration: 1994

RARITÄT AUS DEM 18. JAHRHUNDERT

Frédéric-François-Victor de Diesbach, Offizier in französischen Diensten, ist es zu verdanken, dass der Einfallsreichtum der Tapetenkunst des 18. Jahrhunderts im kleinen Dorf Mézières Einzug hielt. Es grenzt an ein Wunder, dass die kostbaren Wandbespannungen in ihrer Vielfalt erhalten werden konnten. Das hinreissende Anwesen wartet mit zwölf fachgerecht restaurierten, nahezu unmöblierten Räumen auf. Irisierende Tapeten, Brasilien- und Eldorado-Räume, kunstvolle Holzbordüren und edle Gusseisenöfen zeugen von der mondänen Eleganz der Aristokratie in der Endzeit des Ancien Régime. Während der jährlich stattfindenden Temporärausstellungen ist die Einzigartigkeit der Räume nur eingeschränkt erfahrbar.

UN ENSEMBLE RARE DU XVIIIe SIÈCLE

C'est à Frédéric-François-Victor de Diesbach, officier au service de la France, que l'on doit la présence, dans le petit village de Mézières, d'un ensemble représentatif de la richesse de l'art du papier peint du XVIIIe siècle. Que ces précieux revêtements muraux aient pu être conservés dans toute leur diversité tient du miracle. La splendide propriété qui les abrite comporte douze pièces restaurées dans les règles de l'art, quasi dépourvues de mobilier. Les tapisseries moirées, les salles brésilienne et eldoradienne et les majestueux poêles en fonte témoignent de l'élégance mondaine de l'aristocratie de la fin de l'Ancien Régime. On notera que, durant les expositions temporaires annuelles, il est plus difficile d'apprécier la qualité exceptionnelle des salles.

10

MUSÉE DU PAPIER PEINT

MÉZIÈRES / FR

CONTACT
Rue des Terreaux 14, 2000 Neuchâtel
032 717 79 60
www.museum-neuchatel.ch
mar–dim: 10h–18h

•

DATES DE CONSTRUCTION
Ecole construite en 1853
par Hans Rychner
Transformation en musée et rénovations 1978–1987: Edouard Weber
Rénovations 2001: Bauart

AUGENZWINKERN MIT STIL

Oft zeichnen sich Naturmuseen durch gestalterische Unbeholfenheit aus. Nicht so das Museum in Neuenburg. Geschickt werden qualitätsvolle Bestandteile aus vergangenen Epochen in Wert gesetzt und Exponate in die Architektur integriert. Fritz Gehringers Dioramen zur regionalen Fauna aus den 1960er Jahren haben nichts von ihrer Frische verloren. Die gestalterischen Strategien bringen Wissensgewinn und wecken den Forschergeist. Irritationen animieren zum genaueren Hinsehen: so entpuppen sich die bunten Käfer und Schmetterlinge einer Wandinstallation als menschgemachte Produkte aus Ragusa- und Tobleronepackungen. Für eine kulinarische Stärkung empfiehlt sich das «Café de la baleine» unter dem riesigen Walskelett.

DU STYLE ET DES SURPRISES

L'aménagement des musées d'histoire naturelle laisse souvent à désirer sur le plan esthétique. Ce n'est pas le cas de celui de Neuchâtel. Les éléments des époques passées y sont habilement mis en valeur et les objets exposés, harmonieusement intégrés à l'architecture. Les dioramas consacrés à la faune régionale par Fritz Gehringer dans les années 1960 n'ont rien perdu de leur fraîcheur. Les stratégies muséographiques favorisent l'acquisition de connaissances et éveillent la curiosité scientifique. Ainsi, les coléoptères et papillons d'une installation murale se révèlent-ils, en y regardant de plus près, constitués d'emballages de Ragusa et de Toblerone. Le «Café de la baleine» permet de se restaurer sous l'immense squelette qui lui donne son nom.

11 MUSÉUM D'HISTOIRE NATURELLE

NEUCHÂTEL / NE

CONTACT

Parc et Musée d'archéologie de Neuchâtel
Espace Paul Vouga, 2068 Hauterive
032 889 69 17
www.latenium.ch
mar–dim: 10h–17h

•

DATES DE CONSTRUCTION

Construit en 2001
par Laurent Chenu, Bruce Dunning, Pierre Jéquier, Philippe Vasserot, Pieter Versteegh

KULTUREN UND IHR TERRAIN

«La Tène» am östlichen Ufer des Neuenburgersees gilt als Referenzfundort für die keltische Kultur der jüngeren Eisenzeit. Heute liegt dort ein Campingplatz. Über Jahrtausende haben Klimaveränderungen und menschliche Lebensformen die Landschaft geprägt. Das Laténium erforscht die Spuren dieser Wechselwirkungen und inszeniert sie anhand gezielter Bezüge zwischen Exponaten und Terrainelementen. Der didaktisch gestaltete Park ist beliebter Ausflugsort und zugleich wesentlicher Bestandteil der Ausstellung. So scheint der römische Lastkahn direkt auf das Wasserbecken auszulaufen, das den Wasserspiegel des Sees vor der 2. Juragewässerkorrektion sichtbar macht.

LES CIVILISATIONS ET LEUR TERRITOIRE

La Tène, à l'extrémité nord-est du lac de Neuchâtel, est considérée comme le site de référence pour la civilisation celtique du second âge du Fer. Aujourd'hui s'y trouve un camping. Au fil des millénaires, les changements climatiques et les modes de vie des hommes ont transformé le paysage. Le Laténium étudie les traces de ces interactions et les met en scène en établissant des relations précises entre objets exposés et éléments de terrain. Le parc, aménagé à des fins didactiques, constitue un lieu d'excursion populaire, tout en faisant partie intégrante de l'exposition. Ainsi le chaland gallo-romain qui semble sur le point d'être mis à l'eau dans le bassin extérieur rend-il visible le niveau que présentait le lac avant la deuxième Correction des eaux du Jura.

12
LATÉNIUM
HAUTERIVE / NE

CONTACT

Rue des Musées 31, Parc des Musées
2300 La Chaux-de-Fonds
032 967 60 88
www.mhcdf.ch
mar–dim: 10h–17h
Fermé les 1er janvier, 24/25 et 31 décembre

•

DATES DE CONSTRUCTION

Construit en 1849
par Auguste de Meuron
Rénovation 2014:
M. Pierre Minder / MSBR Nouvelle Génération SA, La Chaux-de-Fonds

VISITENKARTE DER UHRMACHERMETROPOLE

Ein grosser Teil der Bevölkerung hatte sich anlässlich eines Referendums für das Renovationsprojekt der Villa Sandoz ausgesprochen, und so wurde das neu gestaltete Museum 2014 wiedereröffnet. Die Dauerausstellung fokussiert auf die Frauen und Männer, die aus La Chaux-de-Fonds eine weltoffene Uhrmachermetropole gemacht haben. Die Faszination für die Heimatstadt Le Corbusiers einmal geweckt, empfiehlt es sich, den Besuch auf die benachbarten Museen im Park und die Stadt auszuweiten. Sowohl das Uhrenmuseum aus dem Jahr 1974, das Kunstmuseum aus dem Jahr 1926, wie auch die frühen Bauten Le Corbusiers, die «Maison blanche» und die «Villa Turque», sind nur einen Spaziergang entfernt.

CARTE DE VISITE DE LA MÉTROPOLE HORLOGÈRE

Lors d'un référendum, une large majorité de la population s'était prononcée en faveur du projet de rénovation de la Villa Sandoz, où le musée a rouvert ses portes en 2014. L'exposition permanente est centrée sur les femmes et les hommes qui ont fait et qui font de La Chaux-de-Fonds une métropole horlogère ouverte sur le monde. Une fois aiguisé l'intérêt pour la ville natale de Le Corbusier, il vaut la peine de poursuivre la visite dans les autres musées du parc et dans la cité elle-même. Le Musée international d'horlogerie, réalisé en 1974, et le Musée des beaux-arts, érigé en 1926, se trouvent à quelques pas, et l'on pourra gagner les hauts de la ville pour visiter la Maison blanche et la Villa turque, œuvres de jeunesse du futur Le Corbusier.

13
MUSÉE D'HISTOIRE
LA CHAUX-DE-FONDS / NE

CONTACT

52, rue du 23-Juin, 2800 Delémont
032 422 80 77
www.mjah.ch
mar–ven: 14h–17h, sam–dim: 11h–18h

•

DATES DE CONSTRUCTION

Maison Bennot construite en 1740
Réaménagement 2011
par GXM Architectes

TANNE, PFERD, TÊTE DE MOINE

Das Museum an der Porte de Porrentruy versteht es, mit Klischees zu spielen. Wie werden gemeinsame Identitätsbilder konstruiert? Auf jeder Etage des 1598 erbauten Festungsturms hinterfragt sich die Institution selbst. Die Museumsräume erstrecken sich über drei Liegenschaften auf der Stadtmauer und wenden sich dem Platz mit der «Fontaine du Sauvage» zu. Der Wilde trägt das Delsberger Wappen mit dem Basler Bischofsstab. Der älteste bekannte verzierte Krummstab der Welt, der Abtsstab des heiligen Germain aus dem 7. Jahrhundert, ist ein Schlüsselexponat der Dauerausstellung. Der merowingischen Goldschmiedekunst gelingt es gerade noch, der auf die Spitze getriebenen Inszenierung Paroli zu bieten.

SAPIN, CHEVAL ET TÊTE DE MOINE

Le musée de la porte de Porrentruy sait jouer avec les clichés. Comment se construisent des images identitaires communes? A chaque étage de la tour des fortifications, érigée en 1598, l'institution se remet elle-même en question. Les salles du musée occupent trois immeubles bâtis sur le rempart de la vieille ville et donnent sur la place où se dresse la fontaine du Sauvage, qui porte les armoiries de la ville sur lesquelles figure la crosse épiscopale bâloise. La plus ancienne crosse décorée connue au monde, celle de l'abbé saint Germain, datant du VIIe siècle, constitue le clou de l'exposition permanente. Si sa mise en scène est poussée à l'extrême, l'art des orfèvres mérovingiens n'en fait pas moins son effet.

14

MUSÉE JURASSIEN D'ART ET D'HISTOIRE

DELÉMONT / JU

KONTAKT
Helvetiaplatz 4, 3005 Bern
031 350 04 40
www.alpinesmuseum.ch
Di–So: 10–17 Uhr

•

BAUDATEN
Erbaut 1934: Klauser & Streit
Umbau und Sanierung 2013:
groenlandbasel

MENSCH UND BERG

Mit der Eröffnung der Kirchenfeldbrücke 1883 wurde ein neues Quartier an die Berner Innenstadt angeschlossen. Die Kunsthalle und das Alpine Museum der Schweiz bilden als Brückenkopf den Auftakt zum Stadtteil. Beide Gebäude wurden vom selben Architekturbüro errichtet, sind jedoch Kinder verschiedener Baustile. Zwischen der Eröffnung der Kunsthalle im Jahr 1918 und dem Bau ihres Gegenübers liegen fast zwei Jahrzehnte. Seit seiner Neuausrichtung 2012 bringt das Museum aktuelle Bergfragen in die Hauptstadt. Es denkt über nationale Grenzen hinaus und setzt Impulse zum Thema «Bauen in den Bergen». Das attraktive Restaurant «las alps» ist ein beliebter Treffpunkt für Stadtwanderer geworden.

L'HOMME ET LA MONTAGNE

En 1883, l'ouverture du pont de Kirchenfeld reliait ce nouveau quartier à la vieille ville de Berne. La Kunsthalle et le Musée alpin suisse marquent, en tête de pont, l'entrée du nouveau morceau de ville. Si tous deux furent conçus par le même bureau d'architecture, ils sont de style différent. Près de deux décennies se sont écoulées entre l'inauguration de la Kunsthalle, en 1918, et la construction de son vis-à-vis. Depuis sa réorientation en 2012, le Musée alpin suisse relaie dans la capitale les questions d'actualité auxquelles sont confrontées les régions de montagne. L'institution développe une réflexion transfrontalière et donne des impulsions sur le thème «construire en montagne». Quant au restaurant «las alps», il est devenu un lieu de sortie très apprécié des arpenteurs urbains.

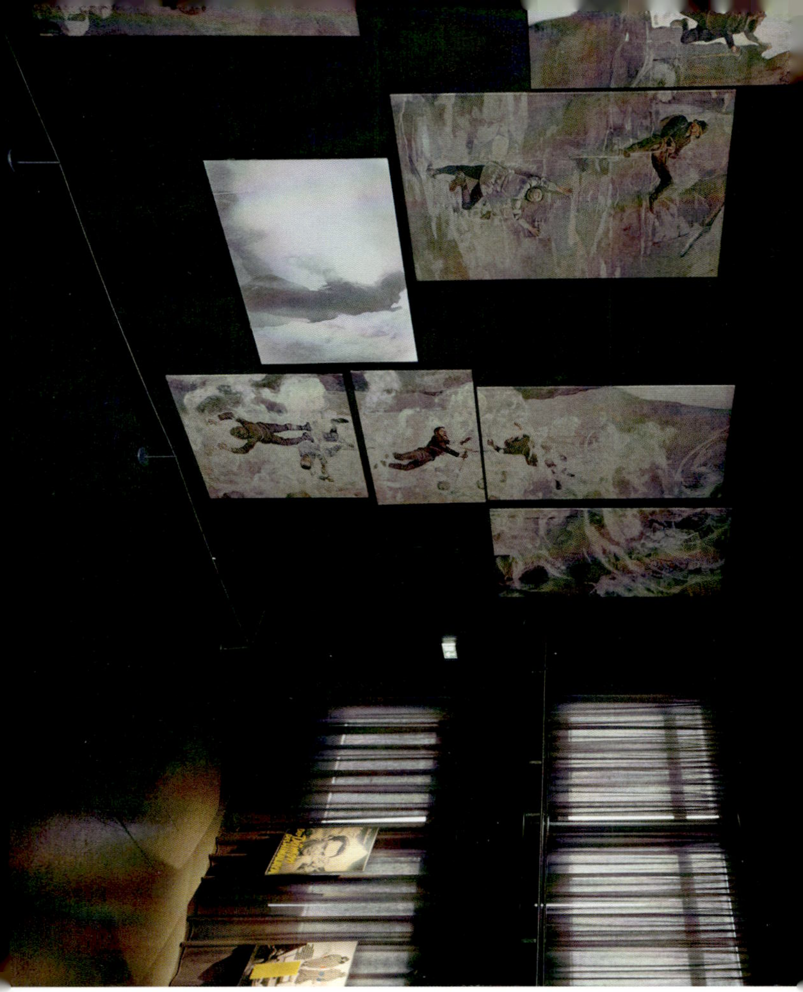

15

ALPINES MUSEUM DER SCHWEIZ

BERN / BE

KONTAKT
Werner Abeggstrasse 67, 3132 Riggisberg
031 808 12 01
www.abegg-stiftung.ch
Ende April–Anfang November,
Mo–So: 14–17.30 Uhr

•

BAUDATEN
Erbaut 1967: Gyula Széchényi
Um- und Neubau 2011:
OAP Offermann Architektur
& Projektmanagement

TEXTILE KOSTBARKEITEN IN LÄNDLICHER UMGEBUNG

1968 widmete das Kulturmagazin *Du* dem Institut in Riggisberg ein ganzes Heft. Werner und Margaret Abegg gründeten inmitten von Kuhweiden und doch in der Nähe des Bernischen Historischen Museums ein Kompetenzzentrum zur Erforschung und Pflege von historischen Textilien bis 1800. Zur angestrebten Synthese von Praxis und Forschung gehört auch ein Studiengang für Textilkonservatoren. Der 2011 eröffnete Ausstellungstrakt setzt neue Massstäbe in der Textilpräsentation: 210'000 LED auf 14 Kilometern Lichtstreifen tauchen das sensible Ausstellungsgut in exakt temperiertes Licht. Das freundliche Personal händigt auf Anfrage Lupen aus, mit denen sich die faszinierenden Details besonders gut erkennen lassen.

MERVEILLES TEXTILES EN MILIEU RURAL

En 1968, le magazine culturel *Du* consacra un numéro entier au projet de Riggisberg. Werner et Margaret Abegg créèrent au milieu des pâturages, mais non loin du Musée d'histoire de Berne, un centre de compétences dédié à l'étude et à l'entretien des textiles antérieurs à 1800. Un cursus de formation en restauration des textiles parachève la synthèse visée entre pratique et recherche. L'aile d'exposition inaugurée en 2011 révolutionne la présentation de textiles: 210'000 LED forment, sur 14 kilomètres de profilés, un plafond lumineux qui baigne les pièces exposées dans une lumière parfaitement tempérée. Le personnel, très cordial, distribue sur demande des loupes qui permettent d'apprécier les détails fascinants des ouvrages conservés.

16
ABEGG-STIFTUNG
RIGGISBERG / BE

KONTAKT

Museumsstrasse 131,
3858 Hofstetten bei Brienz
033 952 10 30
www.ballenberg.ch
Mitte April – 31. Oktober,
Mo–So: 10–17 Uhr

•

BAUDATEN

Eröffnet 1978

RUNDSCHAU BÄUERLICHER REGIONALKULTUR

1891 wurde in Stockholm das erste Freilichtmuseum der Welt eröffnet. Auch in der Schweiz führten die Veränderungen der Moderne zum Wunsch, bäuerliches Kulturgut ganzheitlich zu erhalten. Die «Dörfli» der Landesausstellungen in Bern 1914 und Zürich 1939 können als befristete Vorgänger einer Schweizer Version des «Skansen» gesehen werden. Über 100 historische Wohn- und Wirtschaftsbauten aus allen Landesteilen sind im Ballenberg in eigens angelegten Kulturlandschaften eingebettet. Die Mitarbeitenden zeigen traditionelles Handwerk aus vergangenen Jahrhunderten, pflegen vom Verschwinden bedrohte Nutztierarten, pflanzen alte Getreidesorten und erhalten so traditionelles Wissen für künftige Generationen.

PANORAMA DE LA CULTURE VERNACULAIRE

En 1891 fut inauguré à Stockholm le premier musée en plein air du monde. En Suisse aussi, les mutations inhérentes à la modernité firent naître le désir de préserver le patrimoine rural dans toute sa diversité. Les «Dörfli» des expositions nationales de 1914 à Berne et de 1939 à Zurich peuvent être considérés comme des préfigurations temporaires d'un «Skansen» helvétique. Au Ballenberg, plus de 100 bâtiments d'habitation et d'exploitation issus de toutes les régions du pays sont implantés dans un paysage spécialement aménagé. Les collaborateurs y présentent l'artisanat des siècles passés, y prennent soin d'animaux d'élevage menacés de disparition, y cultivent d'anciennes variétés de céréales et y sauvegardent ainsi les savoir-faire traditionnels pour les générations futures.

17 BALLENBERG

FREILICHTMUSEUM DER SCHWEIZ, HOFSTETTEN BEI BRIENZ / BE

KONTAKT

Blumensteinweg 12, 4500 Solothurn

032 626 93 93

www.museumblumenstein.ch

Di–Sa: 14–17 Uhr, So: 10–17 Uhr

•

BAUDATEN

Erbaut 1729:

Jean Fortier (Pächterhaus 1800)

GEHEIMKAMMERN UND GANZKÖRPERRELIQUIEN

Der barocke Landsitz, der im Jahr 1797 noch 20 Hektar Land umfasste, liegt heute mitten in einem Wohnquartier hinter Fritz Hallers Kantonsschule. Das Solothurner Patriziat zog sich zur Sommerfrische ins Ensemble aus Hauptgebäude, Ehrenhof und Brunnenhaus zurück. Die Prunktreppe und das Dienstbotentreppenhaus sowie das phänomenale Chinoiserie-Kabinett mit Geheimtüre zum Kammerzofenstübchen zeigen eindringlich, wie die Rollen und Handlungsbereiche zwischen Adel und Bediensteten verteilt waren. Die unverfälschte Ausstattung im Erdgeschoss und die Ganzkörperreliquien im Obergeschoss sind besonders aussergewöhnliche Raritäten. Interessante Wechselausstellungen runden das Angebot ab.

CHAMBRES SECRÈTES ET RELIQUES ENTIÈRES

Cette maison de plaisance baroque, à laquelle 20 hectares de terrain étaient encore rattachés en 1797, se trouve aujourd'hui au cœur d'un quartier résidentiel, derrière l'Ecole cantonale de Fritz Haller. En été, le patriciat soleurois se retirait au frais dans cet ensemble composé du bâtiment principal, d'une cour d'honneur et d'un lavoir. L'escalier d'apparat, l'escalier de service et l'étonnant boudoir chinois, doté d'une porte secrète menant à celui de la maîtresse de maison, témoignent de façon saisissante de la répartition des rôles et des espaces qui prévalait entre nobles et domestiques. Le décor authentique du rez-de-chaussée et les reliques entières conservées à l'étage sont des curiosités tout à fait hors du commun. D'intéressantes expositions temporaires complètent l'offre du musée.

18

MUSEUM BLUMENSTEIN

SOLOTHURN / SO

KONTAKT

Zeughausplatz 28, 4410 Liestal
061 552 59 86
www.museum.bl.ch
Di–So: 10–17 Uhr

•

BAUDATEN

Erbaut: ca. 1523
Umbau 2011:
Rosenmund + Rieder Architekten /
Widler & Partner AG

VOM KORN ZUM SEIDENBAND

Ehe das mächtige Zeughaus zum Kantonsmuseum wurde, fasste es jahrhundertelang auch Kornvorräte. Der Umbau setzte 2011 den Haupteingang wieder auf den Platz mit Brunnen. Im Innern bringt der helle Terrazzoboden Leichtigkeit in die weitläufigen Räume und stärkt die Präsenz der archaisch wirkenden hölzernen Tragstruktur. Das Museum hat sich mit seinen natur- und kulturwissenschaftlichen Wechselausstellungen einen Namen gemacht. Es bietet zudem Einblicke in die Hanro-Sammlung mit rund 20'000 Kleidungsstücken, Werbefotografien und Firmendokumenten. Eine Dauerausstellung zur Seidenbandindustrie erinnert an die wichtigste Arbeitgeberin der Region Basel im 19. und 20. Jahrhundert.

DU BLÉ AU RUBAN DE SOIE

Avant que cet imposant arsenal n'ait été reconverti en musée cantonal, il avait aussi abrité, pendant des siècles, des réserves de blé. Depuis la transformation effectuée en 2011, l'entrée principale donne à nouveau sur la place et sa fontaine. A l'intérieur, le sol en terrazzo clair allège quelque peu les vastes salles et renforce la présence de la structure en bois, d'allure archaïque. L'institution s'est fait un nom avec ses expositions temporaires consacrées aux sciences naturelles et culturelles. Elle offre en outre un aperçu de la collection Hanro, qui comporte près de 20'000 pièces d'habillement, photographies publicitaires et documents commerciaux. L'exposition permanente consacrée à l'industrie du ruban de soie rappelle que celle-ci était, aux XIXe et XXe siècles, l'une des principales employeuses de la région bâloise.

19

MUSEUM.BL

LIESTAL / BL

MUSEEN IN DER SCHWEIZ 2: IM GEIST DER AUFKLÄRUNG

BILDUNG FÜR MÜNDIGE BÜRGER

Ein Jahr nachdem das Musée du Louvre in Paris 1793 seine Pforten geöffnet hatte, erarbeitete die Stadt Genf einen Gesetzesentwurf zur «vaterländischen Erziehung». Dieser hielt fest, dass ein Museum zu bauen sei, «in dem alle Hervorbringungen der Natur sowie Werke der Kunst gesammelt werden sollen, die dem öffentlichen Unterricht nützlich sind.»[1] Nach den Umwälzungen der Französischen Revolution etablierte sich die Pflege und Förderung von Kunst und Wissenschaft zusehends als vornehmste Aufgabe des Bürgerstaats. In der Schweiz wetteiferten die Städte mit Museumseröffnungen um ihre kulturelle und wirtschaftliche Vormachtstellung. 1826 konnte dank der privaten Initiative der Schwestern Rath in Genf das erste Kunstmuseum der Schweiz eröffnet werden. Als erste Schweizer Stadt leistete sich Basel ein von der öffentlichen Hand finanziertes Museum. Anlässlich der Eröffnung 1849 konstatierte Chemieprofessor Christian Friedrich Schönbein, dass Basel mit der Universität und dem Museum «durch freie Bildung, freie Intelligenz, durch thatkräftige Förderung der höchsten Interessen der Zivilisation auf das gesamte Vaterland einen wohltätigen und heilsamen Einfluss auszuüben und ihm ein nachahmungswürdiges Beispiel zu stellen»[2] würde.

[1] Claude Lapaire: Musée d'art et d'histoire Genève, Paris 1992, S. 7

[2] Nikolaus Meier, Identität und Differenz: zum 150. Jahrestag der Eröffnung des Museums an der Augustinergasse in Basel, Basler Zeitschrift für Geschichte und Altertumskunde, 2000, S. 164

UN ACCÈS AU SAVOIR POUR DES CITOYENS RESPONSABLES

En 1794, un an après l'ouverture du Musée du Louvre à Paris, la Ville de Genève élabora un projet de loi sur l'«éducation nationale», qui prévoyait l'édification d'un musée dans lequel soient rassemblés «tous les genres de production de la nature et tous les ouvrages de l'art utiles à l'instruction publique»[1]. Après les bouleversements de la Révolution française, l'encouragement des arts et des sciences s'imposa peu à peu comme l'une des plus hautes missions de l'Etat républicain. Les villes suisses se disputèrent la suprématie culturelle et économique à coups d'ouvertures de musées. En 1826 fut inauguré à Genève, suite à l'initiative des sœurs Rath, le premier musée des beaux-arts du pays. Quant à Bâle, elle fut la première ville helvétique à s'offrir un musée financé par les pouvoirs publics. Lors de son inauguration, en 1849, le professeur de chimie Christian Friedrich Schönbein estimait qu'avec son université et son musée, Bâle exercerait, «par la libre formation, la libre intelligence et la promotion active des intérêts suprêmes de la civilisation, une influence bienfaisante et salutaire sur toute la patrie, et lui offrirait un exemple digne d'être imité»[2].

1 Claude Lapaire: Musée d'art et d'histoire Genève, Paris 1992, p. 7
2 Nikolaus Meier, Identität und Differenz: zum 150. Jahrestag der Eröffnung des Museums an der Augustinergasse in Basel, Basler Zeitschrift für Geschichte und Altertumskunde, 2000, p. 164

KONTAKT

St. Alban-Vorstadt 28, 4052 Basel

061 226 33 60

www.cartoonmuseum.ch

Di–So: 11–17 Uhr

•

BAUDATEN

Erbaut: Spätgotik

Renovation und Erweiterung 1996:

Herzog & de Meuron

VIRTUOSE LINIEN IM HINTERHOF

Der unauffällige Museumseingang ist in der spätgotischen Fassadenfront leicht zu übersehen. Im Innern zeichnen kräftige Farben und charaktervoll restaurierte Details den kleinteiligen Altbau aus, der durch einen Zusatztrakt im Hinterhof erweitert wurde. Eine verglaste Passage verbindet die Gebäude in den Obergeschossen. Die so geschaffenen Zwischenräume erzielen gemäss den Schilderungen der Architekten im Gebäudeinnern den «Effekt einer Chinesischen Laterne». Die Sichtbezüge und räumlichen Verschränkungen sind komplex, die Materialien wertig. Die Institution widmet sich ausschliesslich der Kunst der satirischen Zeichnung und bietet den meist kleinformatigen Exponaten eine würdige Bühne.

DE PETITS CHEFS-D'ŒUVRE DANS L'ARRIÈRE-COUR

On passe facilement sans la voir devant l'entrée du musée, discrètement ménagée dans une façade du gothique tardif. A l'intérieur, des couleurs vigoureuses et des détails restaurés avec caractère distinguent cet édifice très compartimenté, qui a été agrandi par un corps de bâtiment supplémentaire dans l'arrière-cour. Un passage vitré relie les deux volumes dans les étages supérieurs. Les espaces intermédiaires ainsi créés produisent «l'effet d'une lanterne chinoise», selon les termes des architectes. Les relations visuelles et les imbrications spatiales sont complexes, les matériaux, de qualité. Exclusivement consacrée au dessin satirique, l'institution offre une digne scène aux œuvres exposées, dont la plupart sont de petit format.

20
CARTOON-MUSEUM
BASEL / BS

KONTAKT

Münsterplatz 20, 4051 Basel

061 266 56 00

www.mkb.ch

Di–So: 10–17 Uhr

•

BAUDATEN

Erbaut 1849: Melchior Berri

Erweiterung 1917: Vischer & Söhne

Erweiterung 2011:
Herzog & de Meuron

POLARISIERENDES UNTER SCHILLERNDEM DACH

Schimmernde Keramikkacheln umhüllen die gefaltete Dachform der jüngsten Museumserweiterung. Die auf den Vorplatz auskragende Aufstockung bietet der mittelalterlichen Bebauung des Basler Münsterhügels ein selbstbewusstes Gegenüber und akzentuiert den neuen Eingang am Münsterhof. Auch konzeptuell soll den Besuchern ein neuer Zugang zu den Sammlungen geboten werden. Die Objektpräsentation nach geografischer Ordnung wurde abgeschafft; attraktive Durchblicke ermöglichen vielseitige Bezüge. Die Architektur bietet Raum für neue Perspektiven und grosse Exponate: so kann das 1980 in Basler Auftrag gebaute Kulthaus der Abelam aus Papua-Neuguinea über mehrere Geschosse aus der Nähe betrachtet werden.

DES CONNEXIONS MULTIPLES SOUS UN TOIT MIROITANT

Des carreaux de céramique chatoyants couvrent le toit plissé du récent agrandissement. La surélévation, en débord sur les façades, s'affirme face au bâti médiéval de la colline de la Cathédrale, tout en marquant la nouvelle entrée du musée sur la cour. Du point de vue conceptuel aussi, il s'agit d'offrir aux visiteurs un nouvel accès aux collections. Les objets ne sont plus regroupés par origine géographique, mais de stimulantes vues traversantes permettent d'établir entre eux de multiples relations. L'architecture ouvre de nouvelles perspectives et abrite quelques pièces de grandes dimensions. Ainsi peut-on par exemple examiner de près la maison de culte des Abelam de Papouasie-Nouvelle-Guinée, qui fut réalisée en 1980 sur commande expresse de l'institution.

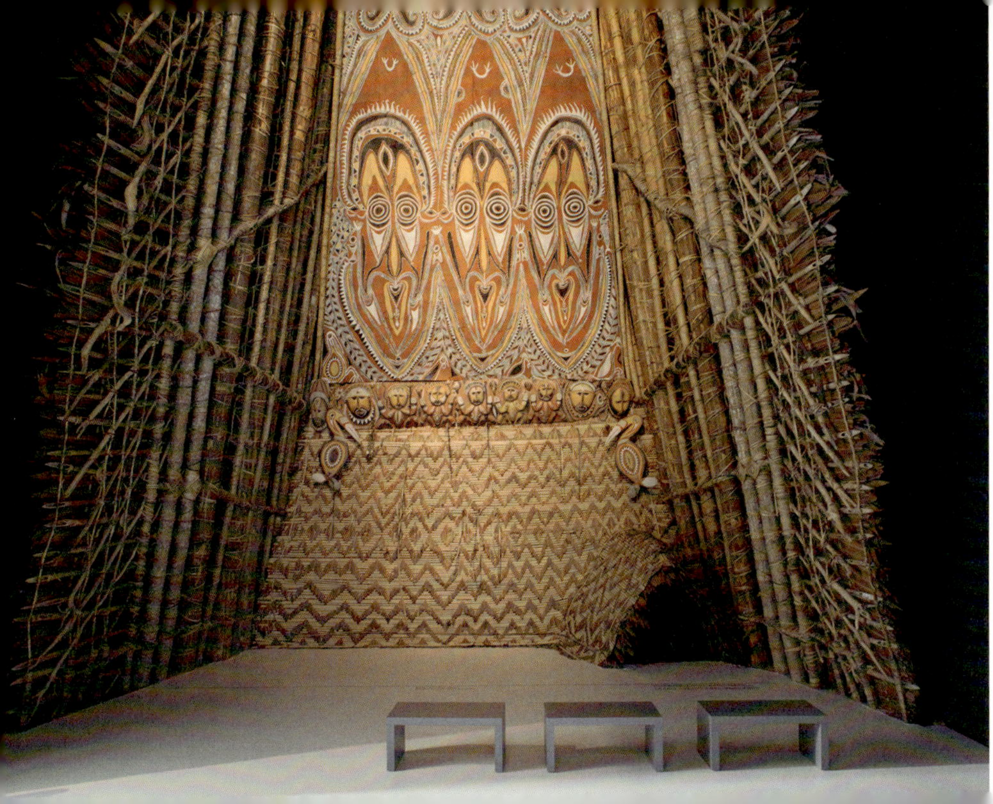

21
MUSEUM DER KULTUREN
BASEL / BS

KONTAKT
St. Alban-Tal 37, 4052 Basel
061 225 90 90
www.papiermuseum.ch
Di–Fr / So: 11–17 Uhr, Sa: 13–17 Uhr

•

BAUDATEN
Erbaut im 14. Jh.
Instandsetzung 2011:
Bodoky & Heusler Architekten AG /
Brügger + Schwarz Architekten GmbH

HANDS ON! KULTURTECHNIK SCHRIFT

Papier schöpfen, Lettern setzen, drucken und marmorieren: Auf jeder Etage des Museums darf Hand angelegt und produziert werden. Dank des einflussreichen Basler Konzils und der Gründung der Universität Basel entwickelte sich die Stadt im 15. Jahrhundert zu einem geistigen Zentrum der Eidgenossenschaft. Basel unterhielt eine für damalige Verhältnisse hoch ausgebaute Infrastruktur mit Papierproduktion, Bibliotheken, Übersetzern, Kopisten und Vertriebskanälen. Die Papiermühlen im St. Alban-Tal sind Zeugen dieser frühen Industrialisierung. In der Gallizianmühle wird die historische Produktionsweise lustvoll weitergeführt und das Wissen um das geschriebene Wort und dessen Vervielfältigung gepflegt.

L'IMPRIMERIE EN PRATIQUE

Fabriquer et marbrer du papier, composer et imprimer un texte caractère par caractère: à chaque étage du musée, le visiteur peut mettre la main à la pâte. Suite à la tenue du fameux concile du XVe siècle et à la création de l'Université, la ville de Bâle devint l'un des principaux centres intellectuels de la Confédération. Elle possédait, dans le domaine du livre, une industrie très développée, qui allait de la production de papier jusqu'à la diffusion des ouvrages, en passant par les bibliothèques et les activités de traduction et de copie. Dans le moulin Gallician, on perpétue avec bonheur les méthodes de fabrication historiques et on cultive les connaissances liées à l'écrit et à sa reproduction.

22

BASLER PAPIERMÜHLE

BASEL / BS

KONTAKT

Schachenstrasse 24, 5012 Schönenwerd

062 849 91 09

www.ballyana.ch

1. und 3. Sonntag im Monat: 14–17 Uhr

•

BAUDATEN

Erbaut 1964: W. Thommen

Ausbau 2015:

Urs Wildi / Spinform AG

EIN KONZERN PRÄGT LAND UND LEUTE

Bally war viel mehr als nur ein Industriebetrieb im Niederamt. Insbesondere Patron Carl Franz Bally bot seinen Angestellten nicht nur einen Arbeitsplatz, sondern einen Lebensraum im umfassenderen Sinn. Er liess 1868 einen öffentlichen Park anlegen, betrieb ein Kosthaus, gründete eine Krankenkasse, einen Konsumverein und unterstützte Schulen sowie die Feuerwehr. Die Dauerausstellung «Mensch – Maschine – Meisterwerk» in einer Shedhalle der ehemaligen Bänderfabrik gibt Einblick in den Mikrokosmos Bally. Funktionsfähige historische Maschinen demonstrieren, dass auch in der industriellen Schuhproduktion noch viel Handarbeit gefragt war. Auch der Park mit seinen Kleinbauten lohnt einen Besuch.

L'EMPREINTE D'UN GRAND GROUPE INDUSTRIEL

Dans le Niederamt soleurois, Bally représentait plus qu'une simple entreprise industrielle. A ses employés, le patron Carl Franz Bally n'offrait pas seulement une place, mais tout un espace de vie. En 1868, il fit aménager un parc public, ouvrit une cantine, créa une caisse-maladie, fonda une coopérative de consommation et soutint les écoles et le corps des sapeurs-pompiers. L'exposition permanente «Homme – machine – chef-d'œuvre», installée dans une halle à sheds de l'ancienne fabrique de rubans, donne un aperçu du microcosme Bally. Des machines d'époque en parfait état de fonctionnement montrent qu'aux débuts de son industrialisation, la fabrication de chaussures requérait encore beaucoup de travail manuel. Le parc et ses édicules valent aussi la visite.

23

BALLYANA

SAMMLUNG INDUSTRIEKULTUR, SCHÖNENWERD / SO

KONTAKT
Schlossplatz 23, 5000 Aarau
062 836 05 17
www.stadtmuseum.ch
Di–Fr: 11–18 Uhr, Do: 11–20 Uhr,
Sa/So: 11–17 Uhr

•

BAUDATEN
Turm erbaut um 1230
Erweiterung 2015:
Diener + Diener Architekten /
Martin Steinmann

AARAUS VIELFÄLTIGE FACETTEN

134 lebensgrosse Personenporträts schnitt Josef Felix Müller mit seiner Motorsäge in die Holzpaneele eines gefällten Mammutbaums und erstellte davon Betonabgüsse. Der Baum hatte dem Erweiterungsbau weichen müssen und prägt nun in veränderter Form die Fassade zum Schlossplatz. Das neue Stadtmuseum versteht sich als Ort des Dialogs über eine gemeinsame Zukunft, was in der Architektur zum Ausdruck kommt. Überraschende Inszenierungen laden zum Handanlegen und Nachdenken ein. So gibt es in der historischen Küche Kasperlefiguren des schnitzenden Kommunisten Helmut Zschokke und im Trauzimmer Liebesbotschaften aus dem 18. Jahrhundert zu entdecken.

LES MULTIPLES FACETTES D'AARAU

Dans des panneaux issus du séquoia qui fut abattu pour faire place à l'agrandissement du musée, Josef Felix Müller a taillé à la tronçonneuse les portraits en pied de 134 personnes, dont il a ensuite réalisé des moulages en béton. Ainsi le vieil arbre imprègne-t-il sous une nouvelle forme la façade donnant sur la place du Château. Comme l'exprime son architecture, le nouveau musée de la ville se veut un lieu de dialogue ouvert sur un avenir partagé. Des mises en scène surprenantes invitent à s'impliquer et à réfléchir. Ainsi découvre-t-on, dans la cuisine d'époque, des guignols sculptés par le communiste Helmut Zschokke et, dans la chambre nuptiale, des messages d'amour du XVIIIe siècle.

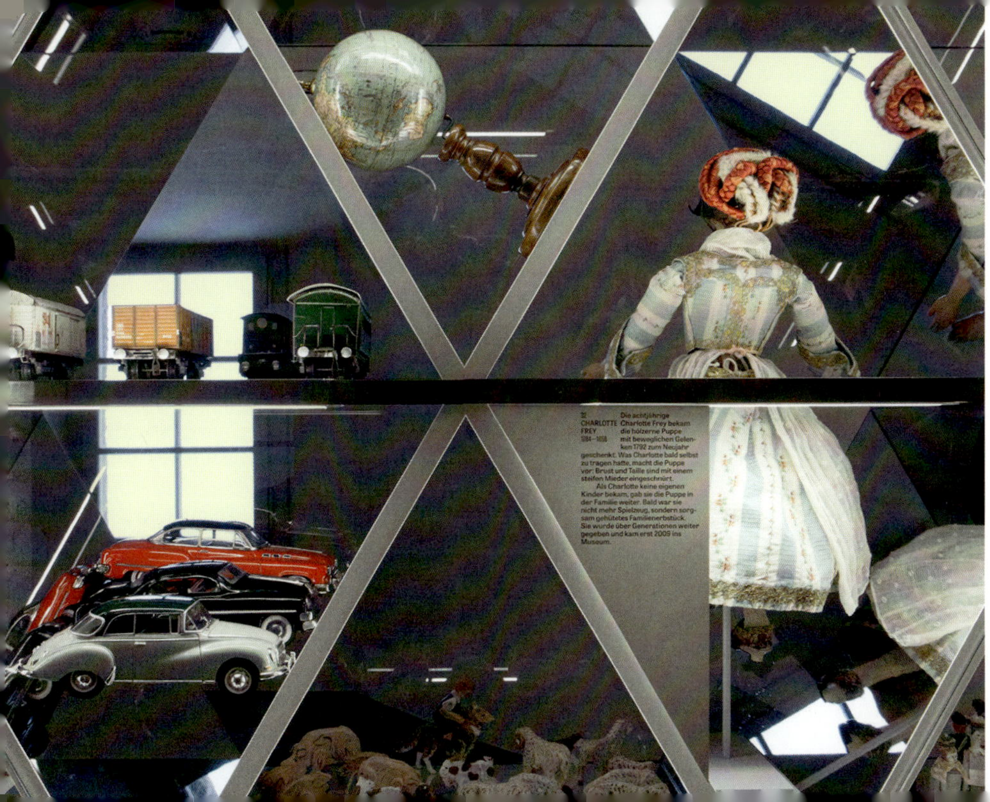

24
STADTMUSEUM AARAU
AARAU / AG

KONTAKT

Museumstrasse 1, 5200 Brugg
056 441 21 84
www.vindonissa.ch
Di–Fr/So: 13–17 Uhr

•

BAUDATEN

Erbaut 1912: Albert Froelich
Renoviert 2008

GESAMTKUNSTWERK DES JUGENDSTILS

Ein Archäologiestudent hatte 1897 die Reste des Amphitheaters in Windisch wiederentdeckt. Für die Funde der darauf einsetzenden Ausgrabungen wurde ein Museum geplant, das bei seiner Eröffnung 1912 internationales Aufsehen erregte. Der in Brugg und Berlin tätige Architekt Albert Froelich bildete kein antikes Formenvokabular nach, sondern schuf ein neuartiges Ganzes im Jugendstil. Die kräftige Farbgebung der architektonischen Elemente ist von den intensiven Forschungen über die Polychromie der Antike beeinflusst. Gut hundert Jahre später ist das Museum Teil des Erlebniskonzepts «Vindonissapark», das die Besucher dazu einlädt, selbst in den Alltag der Römer einzutauchen.

ŒUVRE D'ART TOTALE DU *JUGENDSTIL*

En 1897, un étudiant en archéologie découvrait les vestiges de l'amphithéâtre de Windisch. Pour abriter les objets trouvés lors des fouilles subséquentes fut érigé un musée qui rencontra, dès son inauguration en 1912, un écho international. Son architecte Albert Froelich, établi à Brugg et Berlin, ne chercha pas à imiter les formes de l'Antiquité mais créa, dans le style Art nouveau, un bâtiment doté d'une identité propre. La vigoureuse mise en couleur des éléments architecturaux était influencée par les intenses recherches alors menées sur la polychromie antique. Un bon siècle plus tard, le musée fait partie de l'offre du «Parc Vindonissa», qui invite les visiteurs à se plonger dans le quotidien de l'époque romaine.

25
VINDONISSA-MUSEUM
BRUGG / AG

KONTAKT
Bünzstrasse 5, 5610 Wohlen
056 622 60 26
www.strohmuseum.ch
Mi–Sa: 14–17 Uhr, So: 12–17 Uhr

•

BAUDATEN
Erbaut ca. 1860
Umbau 2013:
Hull Inoue Radlinsky

EDLES FLECHTWERK IM FREIAMT

Der Strohfabrikant August Isler empfängt die Gäste per Videoprojektion im Foyer seiner Villa in «Chly Paris». Zwar weilt der Patron selbst nicht mehr unter uns, aber die örtliche Hutgeflechtindustrie, die zu ihrer Blütezeit grosses Ansehen in der internationalen Modewelt genoss, wird im sorgsam umgebauten Baudenkmal facettenreich gewürdigt. Um eine zukunftsgerichtete Interpretation des Kulturerbes anzuregen, wurde der «Prix Paille» ins Leben gerufen. Zeitgenössische Kreative sind eingeladen, sich mit dem Werkstoff Stroh auseinanderzusetzen. Park und Bau fügen sich zu einem stimmigen Ensemble, das mit dem Glanz der Pailletten, die einst aus Stroh gefertigt wurden, um die Wette strahlt.

LES BEAUX OUVRAGES EN PAILLE TRESSÉE DU FREIAMT

L'industriel de la paille August Isler reçoit les visiteurs par vidéoprojection dans le hall de sa villa du «Chly Paris» («petit Paris»). Le patron n'est certes plus de ce monde, mais le musée qu'abrite aujourd'hui ce monument historique transformé avec doigté, présente les diverses facettes de l'industrie locale du chapeau en paille tressée, qui jouissait, à son apogée, d'un grand prestige dans l'univers de la mode internationale. Afin d'encourager une interprétation renouvelée de ce patrimoine a été créé le «Prix Paille», décerné à des créateurs contemporains proposant un usage inédit du matériau. La villa et son parc forment un ensemble harmonieux, qui rayonne de l'éclat des paillettes que l'on fabriquait jadis avec ce même matériau.

26 STROHMUSEUM IM PARK

WOHLEN / AG

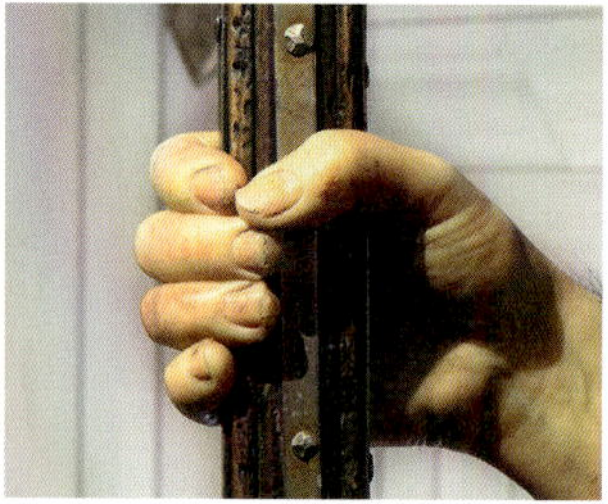

KONTAKT

Stadtstrasse 28, 6204 Sempach
041 460 08 81
www.museum-sempach.ch
Mi–Fr: 14–17 Uhr,
Sa–So: 13.30–17.30 Uhr
oder nach telefonischer Vereinbarung

•

BAUDATEN

Erbaut: 1474
Restauriert und umgebaut 2014:
Gerold Kunz, A6 Architekten

ABSTIEG DES ADELS, AUFSTIEG DER STÄDTE

Der Herr könnte eine Maniküre gebrauchen. Die schmutzigen, eingerissenen Fingernägel gehören zu einer verblüffend lebendig wirkenden Figur, die unter dem spektakulären Dachstuhl des Rathauses den Abstieg des Rittertums mitverdeutlicht. Mit einem Tablet ausgestattet können die Besucher die Lesetiefe der einfallsreich aufbereiteten Informationen zu den Exponaten selbst bestimmen. Über Jahrhunderte wurden im Baudenkmal von nationaler Bedeutung Güter verkauft und Amtsgeschäfte abgewickelt. Sogar eine Metzgerei befand sich im Haus. Das Stadtleben darf weiterhin viel Platz einnehmen: die Tuchlaube, der Bürgersaal und das Foyer mit Blick auf die Seepromenade stehen für festliche Anlässe bereit.

DÉCLIN DE LA NOBLESSE, ESSOR DES VILLES

L'homme aurait bien besoin d'une manucure. Avec ses ongles sales et abîmés, la statue qui évoque, sous la spectaculaire charpente de l'Hôtel de Ville, le déclin de la chevalerie, semble plus vraie que nature. Equipés d'une tablette électronique, les visiteurs peuvent définir eux-mêmes le degré de détail des informations proposées, avec beaucoup d'astuce, sur chaque objet exposé. Pendant des siècles, ce monument historique d'importance nationale a servi à la vente de marchandises et à la gestion d'affaires officielles. Il a même abrité une boucherie. Aujourd'hui, la vie citadine continue d'y occuper une place importante: la halle aux textiles, la salle du Conseil et le hall, d'où l'on a vue sur la promenade du lac, sont ouverts aux manifestations festives.

27

RATHAUSMUSEUM

SEMPACH / LU

KONTAKT
Engelbergstrasse 54a, 6370 Stans
041 618 73 40
www.nidwaldner-museum.ch
Mi–Fr: 14–17 Uhr
Sa–So: 11–17 Uhr

•

BAUDATEN
Winkelriedhaus erbaut
im 13. Jahrhundert
Pavillon erbaut 2012: Unit Architekten

LANZEN BRECHEN FÜR DIE BAUKULTUR

Ritter Melchior Lussy liess 1554–1601 den mittelalterlichen Sitz der Winkelried geschmackvoll ausbauen. Kostbare Wandmalereien, eine prunkvolle Intarsientüre und Loggien weisen auf seine Liebe zur italienischen Kultur hin. Der herrschaftliche Landsitz am Ortsrand von Stans bildet mit dem ummauerten Park eine prägnante Einheit vor der Zentralschweizer Bergkulisse. Ein wohlproportionierter Sichtbetonbau teilt den Garten in zwei Höfe. Jo Achermann ergänzte das Ensemble mit präzis gesetzten Skulpturen und Gewächsen. Zum Museum, das die Kunst- und Kulturgeschichte des Kantons dokumentiert, gehören ausserdem das Salzmagazin nahe der Standseilbahn Stanserhorn und die Festung Fürigen in Stansstad.

LANCE ROMPUE EN FAVEUR DU PATRIMOINE

Entre 1554 et 1601, le chevalier Melchior Lussy fit transformer avec goût la maison médiévale des Winkelried. De précieuses peintures murales, une splendide porte en marqueterie et des loggias trahissent son amour de la culture italienne. Située à la frange orientale de Stans, la résidence seigneuriale forme, avec son parc entouré d'un mur, une remarquable unité qui se détache devant les montagnes de Suisse centrale. Un bâtiment bien proportionné en béton apparent subdivise le jardin en deux cours. Jo Achermann a complété l'ensemble par des sculptures et des végétaux savamment disposés. Le musée, qui documente l'histoire artistique et culturelle du canton, comporte aussi le magasin de sel situé à proximité du funiculaire du Stanserhorn, ainsi que le fort de Fürigen à Stansstad.

28

NIDWALDNER MUSEUM

STANS / NW

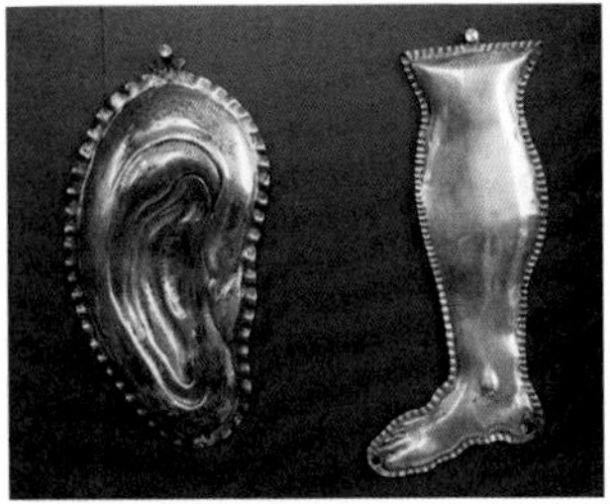

KONTAKT
Dorfstrasse 4, 6072 Sachseln
041 660 55 83
www.museumbruderklaus.ch
Palmsonntag bis Allerheiligen
Di–Sa: 10–12 / 13.30–17 Uhr,
So: 11–17 Uhr,
jeden 2. Mi im Monat 19–21 Uhr

•

BAUDATEN
Erbaut 1784
Peter-Ignaz-von-Flüe-Haus
Transformation in Museum 1976
Erneuerung 2012:
MENNEL Architekten

MYSTIKER, POLITIKER UND VOLKSHEILIGER

«Ein Mann, der Frau und Kinder im Stich gelassen hat, um zu meditieren» antwortet eine Frau auf die Frage, was sie über Niklaus von Flüe wisse. Die kurzen Video-Interviews zeigen ambivalente Sichtweisen auf die legendäre Figur, die mitunter auch politisch instrumentalisiert wurde. In einem der schönsten Bürgerhäuser Obwaldens regt die stimmungsvoll und eindringlich inszenierte Dauerausstellung «Niklaus von Flüe – Vermittler zwischen Welten» dazu an, sich mit den zeitlosen Botschaften des berühmten Obwaldners auseinanderzusetzen. Das Garten- und Obergeschoss stehen für Wechselausstellungen zur Verfügung, und im gut gepflegten Barockgarten werden zeitgenössische Installationen gezeigt.

MYSTIQUE, POLITICIEN ET SAINT NATIONAL

«Un homme qui a plaqué femme et enfants pour méditer», répond une dame à qui l'on demande ce qu'elle sait de Nicolas de Flüe. De brèves interviews vidéo trahissent une perception ambivalente de cette figure légendaire, qui fut d'ailleurs parfois instrumentalisée sur le plan politique. Dans l'une des plus belles maisons bourgeoises du canton, l'évocatrice et saisissante exposition permanente «Nicolas de Flüe – médiateur entre les mondes» invite à réfléchir aux messages atemporels du célèbre Obwaldien. Tandis que le rez inférieur et le premier étage abritent des expositions temporaires, le jardin baroque, très bien entretenu, accueille des installations contemporaines.

29

MUSEUM BRUDER KLAUS

SACHSELN / OW

KONTAKT
Kirchenstrasse 11, 6300 Zug
041 728 29 70
www.burgzug.ch
Di–Sa: 14–17 Uhr, So: 10–17 Uhr

•

BAUDATEN
Erbaut vor 1300
Restauriert 1982
Erneuert 2013

VON SÖLDNERN, SAKRALKUNST UND EINER LIEBESAFFÄRE

Durch die Guckkästen im vielfältig bespielten Burggraben erhält man eine Ahnung davon, was die Besucher hinter den Mauern im Inneren der Burg erwartet. Das eigenwillige Bauwerk und Wahrzeichen von Zug scheint aus verschiedenen Häusern aufgetürmt worden zu sein. Es wartet mit einer Fülle von raffinierten Inszenierungen und hochkarätigen Exponaten auf. Prächtige Kachelöfen, mittelalterliche Balkentreppen, kostbare Parkettböden und Tapeten zeugen von mondäner Wohnkultur aus verschiedenen Epochen. Geschickt werden konservatorische Erklärungen eingeflochten und Klischees hinterfragt. In jedem Raum bieten Objekte zum Anfassen auch den jüngsten Besuchern einen Einstieg in die Themen.

MERCENAIRES, ART SACRÉ ET LIAISONS GALANTES

Les boîtes optiques disposées dans le très polyvalent fossé du château donnent un avant-goût de ce qui attend les visiteurs à l'intérieur. Véritable emblème de Zoug, ce singulier édifice semble se composer de plusieurs maisons empilées. Il abrite quantité de mises en scène raffinées et d'objets de valeur. De splendides poêles à carreaux de faïence, des escaliers médiévaux en bois massif et de précieux parquets et tapisseries témoignent de la culture domestique mondaine de différentes époques. L'exposition distille habilement des explications relatives à la conservation des pièces, et remet les clichés en question. Dans chaque salle, des objets à manipuler permettent aux plus jeunes d'entrer dans le sujet.

30
MUSEUM BURG ZUG
ZUG / ZG

KONTAKT

Ziegelhütte, 6332 Hagendorn / Cham
041 741 36 24
www.ziegelei-museum.ch
Mitte April – Mitte Oktober,
Mi–So: 14–17 Uhr

•

BAUDATEN

Ziegelhütte erbaut 1873
Museum eröffnet 2013
Architektur: Paul Knill
Landschaftsarchitektur:
Benedikt Stähli und Silvan Durscher

LEHM: HANDWERK UND KULTURLANDSCHAFT

Wer möchte, darf selbst Hand anlegen: Vom Lehmabbau bis zum Ziegelschlagen kann in Cham der Herstellungsprozess eines Ziegels nachvollzogen werden. Nachdem 1982 die grosse Holzscheune zwischen Wohnhaus und Ziegelhütte niedergebrannt war, wurde an ihrer Stelle ein Museumsneubau geplant, der heute Sammlung und Ausstellung Platz bietet. Die Fachstelle für Ziegeleikeramik im ehemaligen Wohnhaus erforscht und dokumentiert das archaische Handwerk. Ein Feuchtgebiet, das durch den Lehmstich entstanden ist und heute als wertvolles Biotop gilt, ist Teil des geschützten Ensembles. So wird auf dem Areal der ehemaligen Handziegelei Lörch der Blick für kulturgeprägte Landschaftsveränderungen geschärft.

L'ARGILE: ARTISANAT ET PAYSAGE CULTUREL

Ceux qui le souhaitent peuvent mettre la main à la pâte. A Cham, on suit le processus de fabrication des tuiles depuis l'extraction de l'argile jusqu'au pressage. Après que la grande grange située entre la maison et la tuilerie eut brûlé en 1982, fut construit à son emplacement le musée qui abrite aujourd'hui collection et exposition. Dans l'ancienne habitation, un centre spécialisé étudie et documente le très ancien artisanat de la terre cuite. Le réseau d'étangs généré par l'extraction de l'argile, qui constitue aujourd'hui un biotope de valeur, fait partie de l'ensemble protégé. Ainsi le site de l'ancienne tuilerie artisanale Lörch sensibilise-t-il aussi les visiteurs aux transformations du paysage dues à l'activité humaine.

31
ZIEGELEI-MUSEUM
HAGENDORN / CHAM / ZG

KONTAKT

Villa Patumbah

Zollikerstrasse 128, 8008 Zürich

044 254 57 90

www.heimatschutzzentrum.ch

Mi/Fr/Sa: 14–17 Uhr, Do/So: 12–17 Uhr

•

BAUDATEN

Erbaut 1885: Chiodera und Tschudy,
Gartenanlage 1891: Evariste Mertens
Restaurierung und Anpassungen 2013:
Pfister Schiess Tropeano & Partner

BAUKULTUR «HAUTNAH»

Märchenhaft und unzürcherisch opulent präsentiert sich das Anwesen von Carl Fürchtegott Grob im Seefeld. Der Tabakfabrikant hatte in Sumatra ein Vermögen verdient und liess sich von den renommiertesten Gestaltern seiner Zeit eine Villa mit kunstvoller Gartenanlage bauen. Seit 2013 wird das denkmalpflegerisch vorbildlich instand gesetzte Baudenkmal zur öffentlichen Vermittlung von Baukultur genutzt. Der Schweizer Heimatschutz betreibt in den zwei unteren Geschossen ein Besucherzentrum. Die drei Themenschwerpunkte der Dauerausstellung zu Siedlungsentwicklung, Baudenkmal und Detailgestaltung sowie vielseitige Veranstaltungen laden Gross und Klein zur Auseinandersetzung mit der gebauten Umwelt ein.

LE PATRIMOINE À FLEUR DE PEAU

La féerique propriété de Carl Fürchtegott Grob, à Seefeld, déploie un faste peu zurichois. Après avoir fait fortune à Sumatra, ce fabricant de tabac s'était fait construire cette villa et son magnifique jardin par les créateurs les plus renommés de l'époque. Réhabilité de façon exemplaire, cet édifice unique en son genre est destiné, depuis 2013, à sensibiliser le grand public au patrimoine bâti. Dans les deux niveaux inférieurs, Patrimoine suisse gère une Maison du patrimoine, où tant l'exposition permanente – articulée autour des trois thématiques de l'urbanisation, des monuments historiques et des détails architecturaux – qu'un programme de manifestations très varié, invitent petits et grands à réfléchir aux enjeux liés à l'environnement construit.

32
HEIMATSCHUTZZENTRUM
ZÜRICH / ZH

KONTAKT
Toni-Areal
Pfingstweidstrasse 96, 8005 Zürich
043 446 67 67
www.museum-gestaltung.ch
Di–So: 10–17 Uhr, Mi: 10–20 Uhr

•

BAUDATEN
Erbaut 1977
Transformiert 2014: EM2N

ZEITGEMÄSSE INTERPRETATION DER GRÜNDUNGSIDEE

Wo bis 1999 das berühmte Joghurt im Glas hergestellt wurde, befindet sich seit 2014 die Zürcher Hochschule der Künste ZHdK. Zwischen Autobahnzufahrt, Bahnbrücke und Investorenbauten sollen nun innovative Kräfte für die Zukunft herangebildet werden. Die Sorge um die Konkurrenzfähigkeit der einheimischen Produkte hatte ab 1875 zur Gründung des Zürcher Gewerbemuseums und der Kunstgewerbeschule geführt. 2007 wurden deren Nachfolgeinstitutionen zusammen mit der Hochschule für Musik und Theater zur ZHdK. Während das Stammhaus des heutigen Museums für Gestaltung an der Ausstellungsstrasse renoviert wird, stehen die Ausstellungen und Sammlungen erstmals vereint in Zürich West für die Öffentlichkeit bereit.

INTERPRÉTATION CONTEMPORAINE DE L'IDÉE PREMIÈRE

Là où était produit, jusqu'en 1999, le célèbre yogourt en pot de verre, se trouve depuis 2014 la Haute école d'art de Zurich (ZHdK). Entre bretelle d'autoroute, viaduc ferroviaire et opérations de promoteurs sont désormais formées les forces innovantes de demain. Dès 1875, le souci d'assurer la compétitivité des produits indigènes avait conduit à la création du musée et de l'école zurichois des arts appliqués. En 2007, les institutions qui leur ont succédé et la Haute école de musique et de théâtre ont fusionné pour former la ZHdK. Pendant la rénovation du siège historique de l'actuel Museum für Gestaltung à l'Ausstellungsstrasse, ses expositions et collections sont pour la première fois réunies dans le complexe industriel réaffecté de Zurich West.

33
MUSEUM FÜR GESTALTUNG
SCHAUDEPOT, ZÜRICH / ZH

WISSENSCHAFT UND KUNST

Charles Percy Snow lancierte 1959 die Debatte, ob Errungenschaften aus den Feldern der Chemie, Physik und Mathematik von den Künsten und Geisteswissenschaften genügend zur Kenntnis genommen würden. Rund um Kunst und Geisteswissenschaften habe sich eine Diskussionskultur gebildet, die sich seit dem ausgehenden 19. Jahrhundert immer mehr von den Naturwissenschaften entferne.[1] Eine ähnliche Entwicklung war im Feld der Museen zu beobachten. Wurden die ersten bürgerlichen Museen typischerweise als Mehrspartenhäuser gegründet und waren Kunst und Wissenschaft über Jahrhunderte untrennbar, so spezialisierten sich die Institutionen im Verlauf des 20. Jahrhunderts zusehends auf ein Gebiet. Sah der klassische Bautyp der Museumsarchitektur naturwissenschaftliche Sammlungen im Erdgeschoss und Gemäldeausstellungen in Oberlichtsälen darüber vor, so sind heute nur noch wenige dieser Mehrspartenhäuser in ihrer ursprünglichen Nutzung erhalten. Im Musée d'art et histoire Genf (Nr. 3) und im Palais de Rumine (Nr. 5) sind die Oberlichtsäle noch intakt und werden zu Ausstellungszwecken genutzt. In jüngerer Zeit ist mit der wachsenden Beliebtheit von interdisziplinären Forschungsprojekten auch in der Ausstellungspraxis ein Gegentrend zur Spezialisierung zu verzeichnen.

[1] C.P. Snow: The Two Cultures and the Scientific Revolution, Cambridge University Press, New York 1959

SCIENCES ET ARTS

En 1959, Charles Percy Snow se demandait si les arts et les sciences humaines avaient suffisamment pris acte des avancées de la chimie, de la physique et des mathématiques. Selon Snow, la culture du débat propre aux humanités s'éloignait toujours plus, depuis la fin du XIXe siècle, des sciences naturelles et exactes[1]. Une évolution similaire s'observait dans le domaine des musées: alors que les premiers musées civils concernaient tous les champs du savoir et que les arts et les sciences y étaient considérés comme indissociables, les institutions ne cessèrent de se spécialiser au cours du XXe siècle. Si le musée classique type abritait des collections naturalistes au rez-de-chaussée et des expositions de tableaux dans les salles à éclairage zénithal situées au-dessus, peu de ces établissements à vocation universelle sont encore conservés sous leur forme initiale. Au Musée d'art et d'histoire de Genève (n° 3) et au Palais de Rumine à Lausanne (n° 5), les salles des étages sont encore intactes et continuent d'accueillir des expositions. Depuis quelque temps, cependant, l'intérêt croissant dont jouissent les projets de recherche interdisciplinaires semble remettre en cause la tendance à la spécialisation, y compris en matière d'expositions.

[1] C.P. Snow: The Two Cultures and the Scientific Revolution, Cambridge University Press, New York 1959

KONTAKT

Kirchplatz 14, 8400 Winterthur
052 267 51 36
www.gewerbemuseum.ch
Di–So: 10–17 Uhr, Do: 10–20 Uhr

•

BAUDATEN

Erbaut 1852: Ferdinand Stadler
Umbau und Erweiterung 1999:
P&B Partner Architekten AG

IRIDIUM UND ROCHENLEDER

Über 1000 Materialien werden auf der öffentlichen Online-Datenbank des Material Archivs porträtiert. Ob historischer Modewerkstoff oder High-Tech-Beschichtung: Materialwissen ist grundlegend für die Erfindung und Herstellung von Produkten. Besonderen Reiz hat das physische Stöbern im 2009 erneuerten Material Archiv des Gewerbemuseums. Sowohl zielgerichtetes Recherchieren als auch intuitives Entdecken sind möglich. Als Mädchengymnasium erbaut, beherbergt das spätklassizistische Gebäude seit 1928 das 1874 gegründete Gewerbemuseum. Mit einfallsreichen Themenausstellungen lotet die Institution die Höhen, Tiefen und Grenzen zwischen Alltagskultur, Design und Kunst aus.

IRIDIUM ET PEAU DE RAIE

Plus de 1000 matériaux sont décrits dans la base de données en ligne du musée. Qu'il s'agisse d'une étoffe ou d'un revêtement high-tech, une bonne connaissance des matériaux s'avère fondamentale pour l'invention et la fabrication des produits. Il est particulièrement plaisant de fouiller dans la matériauthèque, réaménagée en 2009. On peut aussi bien s'y livrer à des recherches ciblées que s'y laisser guider par son intuition. Initialement conçu comme un gymnase pour filles, l'édifice de style néoclassique tardif abrite depuis 1928 le Musée des arts appliqués, fondé en 1874. A travers des expositions thématiques imaginatives, l'institution explore les hauts, les bas et les limites entre culture quotidienne, design et art.

34
GEWERBEMUSEUM
WINTERTHUR / ZH

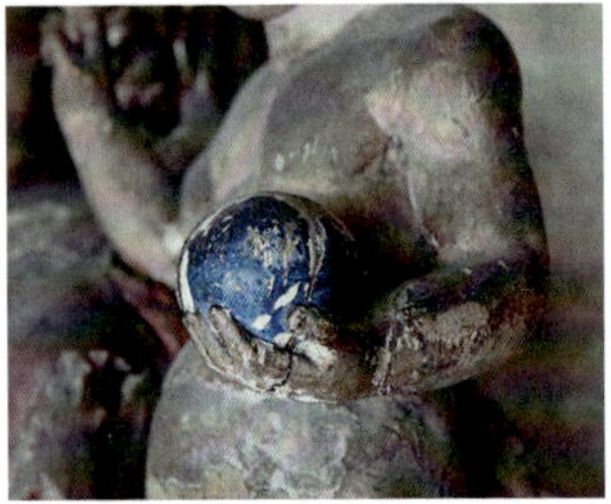

KONTAKT

Fischmarkt 3, 8260 Stein am Rhein
052 741 21 42
www.klostersanktgeorgen.ch
April–Oktober, Di–So: 10–17 Uhr

•

BAUDATEN

Klostergründung im 11. Jh.
Erweiterungen vom 14.–16. Jh.
Restauration 1891

KÜNSTLERISCHE BLÜTE DER FRÜHRENAISSANCE

Sogar Huldrych Zwingli fand Gefallen an den Wandmalereien im Festsaal des kleinen Klosters am westlichen Ausgang des Bodensees. Sie wurden vom Bildersturm der Reformation verschont, da sie fast ausschliesslich profane Motive darstellen. Der humanistisch gebildete und weltgewandte Abt David von Winkelsheim hatte den kostbaren Freskenzyklus mit den Themen aus der aufkommenden Renaissance 1516 im gotischen Fachwerkbau anbringen lassen. 1525 wurde das Kloster aufgehoben. Während seiner wechselvollen Geschichte wurde der faszinierende Raum auch als Abstellkammer und zur Seidenraupenzucht missbraucht, bis Ferdinand Vetter das Baudenkmal 1891 restaurieren und unter den Schutz des Bundes stellen liess.

FLORAISON ARTISTIQUE DU DÉBUT DE LA RENAISSANCE

Même Ulrich Zwingli fut séduit par les peintures murales de la salle des fêtes de ce petit monastère situé à l'extrémité occidentale du lac de Constance. Comme elles représentaient presque exclusivement des motifs profanes, ces décorations furent épargnées par l'iconoclasme de la Réforme. C'est l'abbé David von Winkelsheim, homme du monde de culture humaniste, qui, en 1516, avait fait peindre dans l'édifice à colombage gothique ce précieux cycle de fresques, dont les thèmes sont caractéristiques du début de la Renaissance. En 1525, le monastère fut supprimé. Au cours de son histoire mouvementée, la salle fut aussi utilisée comme dépôt et comme local de sériciculture. En 1891, Ferdinand Vetter fit restaurer le monument et le fit placer sous la protection de la Confédération.

35

MUSEUM KLOSTER SANKT GEORGEN

STEIN AM RHEIN / SH

KONTAKT
Fabrikstrasse 30a, 9220 Bischofszell
071 422 28 20
www.typorama.ch
angemeldete Gruppen jederzeit möglich
www.pm1.org
April–Oktober, jeden 1. Sonntag im Monat:
14–18 Uhr

•

BAUDATEN
PM1 erbaut 1929

BLEISATZ UND DRUCKERSCHWÄRZE

Die Formensprache der Halle, die 1928 um die Langsiebmaschine J.M.Voith aus Heidenheim gebaut wurde, erinnert an Fritz Langs Stummfilm *Metropolis*. Bis 1994 wurde hier noch Papier produziert. Jeden 1. Sonntag im Monat wird die PM1 noch zu Schauzwecken angeworfen, aber die Walzen laufen leer. Ein Besuch im benachbarten Typorama lässt Typografenherzen höher schlagen. Hunderte von Schriftgarnituren in der Handsetzerei und 13 verschiedene Bleisatzmaschinen erinnern an die Druckindustrie in Zeiten vor der digitalen Revolution und sind immer noch in Betrieb. Der Industrielehrpfad von Hauptwil nach Bischofszell bettet die Stätten auf dem Papieri-Areal in die Entwicklungsgeschichte der Region ein.

COMPOSITION CHAUDE ET ENCRE NOIRE

L'architecture de la halle, qui fut construite en 1929 autour de la machine à table plate de J. M. Voith de Heidenheim, fait penser au film *Metropolis* de Fritz Lang. Jusqu'en 1994, on y produisait encore du papier. Chaque premier dimanche du mois, la PM1 est mise en marche à des fins de démonstration, mais les rouleaux tournent à vide. La visite du Typorama voisin fera battre les cœurs de typographes. Les centaines de fontes de caractères de l'atelier de composition manuelle et les treize différentes machines de composition au plomb, toujours en activité, rappellent ce qu'était l'imprimerie avant la révolution numérique. Le sentier didactique menant de Hauptwil à Bischofszell situe les entreprises du «Papieri-Areal» dans l'histoire économique de la région.

36
TYPORAMA

UND HISTORISCHE PAPIERMASCHINE PM1, BISCHOFSZELL / TG

KONTAKT

Klosterhof 6d, 9004 St. Gallen
071 227 34 16
www.stiftsbibliothek.ch
Täglich 10–17 Uhr
Geschlossen:
Heiliger Abend, Weihnachten,
während 3 Wochen im November

•

BAUDATEN

Erbaut 1767:
Vater und Sohn Peter Thumb
aus Bezau in Vorarlberg

«HEILSTÄTTE FÜR DIE SEELE»

Die griechische Inschrift über dem Eingangsportal kündigt den Eintritt in die «Seelen-Apotheke» an. Nach der Benediktinerregel sollten die Brüder zu gewissen Stunden mit heiliger Lesung beschäftigt sein, weshalb der Bibliothek seit der Klostergründung grosse Bedeutung zukam. Zwischen 1758 und 1767 entstand unter Fürstabt Cölestin Gugger von Staudach einer der eindrücklichsten Räume des Barock. Ausgewählte Buch-Preziosen werden wechselnd in den historischen Vitrinentischen ausgestellt. Erfrischend profan geht es im Treppenhaus zu und her: während der Pausen erfüllen die stürmischen Stimmen der Sekundarschüler der «Flade» die ehrwürdigen Hallen des ehemaligen Klostergebäudes.

«UN LIEU DE CURE POUR L'ÂME»

L'inscription grecque surmontant la porte d'entrée annonce que l'on s'apprête à pénétrer dans la «pharmacie de l'âme». En vertu de la règle bénédictine, les frères devaient, à certaines heures, se consacrer à la lecture des saintes Ecritures – d'où l'importance que revêtait la bibliothèque depuis la fondation de l'abbaye. Entre 1758 et 1767 fut réalisé, sous le prince-évêque Célestin Gugger de Staudach, l'un des plus impressionnants espaces de l'époque baroque. Dans les tables-vitrines d'époque sont exposés des livres rares, qui changent régulièrement. Dans la cage d'escalier règne en revanche une ambiance profane rafraîchissante: pendant les pauses, les voix tumultueuses des élèves secondaires de la «Flade» emplissent les vénérables salles de l'ancien monastère.

37

STIFTSBIBLIOTHEK ST. GALLEN

ST. GALLEN / SG

KONTAKT

Vadianstrasse 2, 9000 St. Gallen
071 222 17 44 / info@textilmuseum.ch
www.textilmuseum.ch
Täglich 10–17 Uhr
Textilbibliothek:
Mi–Fr 10–17 Uhr, Sa 10–12 Uhr

•

BAUDATEN

Erbaut 1886: Emil Wild / Angekaufter Entwurf von Gustav Gull
Renovation 2003: Valentin Bischof Architektur & Planung GmbH

IDEENFUNDGRUBE DER OSTSCHWEIZER TEXTILINDUSTRIE

Gustav Gulls Wettbewerbsentwurf für das Industrie- und Gewerbemuseum in St. Gallen wurde vom Museumsdirektor Emil Wild persönlich überarbeitet. Er übernahm auch gleich die Bauleitung für das Projekt auf dem Areal «Zum Seidenhof». Die Bestände des Museums und der Textilbibliothek gründen auf Archiven der Textilindustrie und den Mustersammlungen des Kaufmännischen Directoriums, das im 19. Jahrhundert begann, weltweit systematisch Produktionsvorlagen zu sammeln. Die Institution im Palazzo Rosso ist nicht zuletzt als Beitrag zur Konkurrenzfähigkeit der für die Ostschweiz so wichtigen Textilindustrie zu sehen. Auch heute versteht sich das Museum als Quelle der Inspiration für Gestaltende.

MINE D'IDÉES DE L'INDUSTRIE TEXTILE DE SUISSE ORIENTALE

Le projet de concours de Gustav Gull pour le Musée de l'industrie et des arts appliqués de Saint-Gall fut personnellement remanié par le directeur de l'institution, Emil Wild, qui assuma aussi la direction des travaux sur le site «Zum Seidenhof». Le fonds du musée et de la Bibliothèque du textile sont issus des archives de l'industrie textile et des collections d'échantillons que le Directoire des marchands commença de constituer, à l'échelle mondiale, au XIXe siècle. L'institution du Palazzo Rosso contribue aussi à la compétitivité de l'industrie textile de Suisse orientale, si importante pour la région. Le musée se veut, aujourd'hui encore, une source d'inspiration pour les créateurs.

38

TEXTILMUSEUM / TEXTILBIBLIOTHEK

ST. GALLEN / SG

KONTAKT

Zeughausplatz 1, 9053 Teufen
071 335 80 30
www.zeughausteufen.ch
Mi/Fr/Sa: 14–17 Uhr,
Do: 14–19 Uhr, So; 12–17 Uhr

•

BAUDATEN

Erbaut 1855:
Felix Wilhelm Kubly / Jakob Schefer
Umbau 2012:
Ruedi Elser und Felix Wettstein

RAUM UND KONSTRUKTION

Das ehemalige Artillerie-Zeughaus versteht sich als Ort der produktiven Irritationen. Die schlanken Holzsäulen im 1. Obergeschoss sind keine Stützen, sondern Zugbalken, an denen die Decke über dem Erdgeschoss hängt. Im Ausstellungssaal treffen zeitgenössische Kunstpositionen auf Ölgemälde von Hans Zeller. Die Landschaften und Porträts des Appenzeller Malers wirken wie aus dem 19. Jahrhundert gegriffen, stammen aber aus den 1960er Jahren. Unter dem Thema «Brücke zur Baukultur» soll im Dachgeschoss das Zimmermannswissen der Teufner Baumeisterfamilie Grubenmann zu neuen Erfindungen inspirieren: Workshops mit technischen Hochschulen und Designlehrgängen nehmen erste Fährten auf.

ESPACE ET CONSTRUCTION

Dans cet ancien arsenal d'artillerie, on cultive la déstabilisation productive. Les pièces de charpente verticales élancées du premier étage ne sont pas des poteaux, mais des tirants auxquels est suspendu le plancher. Dans la salle d'exposition, des œuvres d'art contemporaines entrent en dialogue avec des tableaux à l'huile de Hans Zeller. Si les paysages et les portraits de ce peintre appenzellois semblent issus du XIXe siècle, ils datent en réalité des années 1960. Dans les combles, sous le slogan «Un pont vers la culture du bâti», les charpentes développées par la famille d'entrepreneurs Grubenmann, de Teufen, sont destinées à inspirer de nouvelles inventions: des ateliers organisés avec des hautes écoles techniques et de design permettent d'explorer de premières pistes.

39

GRUBENMANN-MUSEUM

TEUFEN / AR

KONTAKT

Dorfstrasse 36, 9108 Gonten
071 794 13 30
www.roothuus-gonten.ch
Di–Fr: 9–11.30 Uhr

•

BAUDATEN

Erbaut 1764
Renovation 2007: Paul Knill

ZENTRUM FÜR APPENZELLER UND TOGGENBURGER VOLKSMUSIK

«Nicht die Asche, sondern das Feuer weitergeben» heisst es im «ROOTHUUS GONTEN». Das nach allen Regeln der Kunst restaurierte Appenzellerhaus ist kein Museum im klassischen Sinn. Vielmehr wird hier Feldforschung betrieben, es werden Musikworkshops abgehalten, Hauskonzerte gegeben und Veranstaltungsreihen organisiert. Das brandsichere Archiv und die Bibliothek bergen Notenmaterial aus drei Jahrhunderten. Vormittags darf man dem engagierten Team bei der Arbeit über die Schultern schauen. Noch besser bucht man eine Führung, um mehr über Naturtonreihen, wunderliche Bräuche, das Haus und seine früheren Bewohner zu erfahren. Aber Achtung! Grosse Leute müssen im reich bemalten Festsaal den Kopf einziehen.

UN CENTRE POUR LA MUSIQUE POPULAIRE RÉGIONALE

«Transmettre le feu, pas la cendre» – telle est la devise du «ROOTHUUS GONTEN». Restaurée dans les règles de l'art, cette maison appenzelloise n'est pas un musée au sens strict du terme, mais un lieu où sont menées des recherches de terrain et organisés des ateliers musicaux, des concerts et des cycles de conférences. Les archives et la bibliothèque abritent des partitions datant des trois siècles précédents. Le matin, on peut regarder travailler l'équipe très engagée de l'institution, et des visites guidées permettent d'en apprendre davantage sur les gammes harmoniques, sur les coutumes bizarres de la région, ainsi que sur le bâtiment et ses habitants d'autrefois. Mais attention: dans la salle des fêtes au riche décor peint, les personnes de grande taille devront baisser la tête!

40

ROOTHUUS GONTEN

GONTEN / AI

KONTAKT
Verein Schloss Werdenberg
Städtli 31, 9470 Werdenberg
081 599 19 35
www.schloss-werdenberg.ch
April–Oktober, Di–Fr: 11.30–18 Uhr,
Sa/So/Feiertage: 10–18 Uhr

•

BAUDATEN
Schloss erbaut ab 1228
Schlangenhaus erbaut im 13. Jh.
Aufstockung / Umbau um 1750
Bistro erbaut 2015: bbk Architekten

SCHLANGENHAUS UND SCHLOSS

Die Restaurierung des Städtchens Werdenberg war eine Pionierleistung in Sachen Ortsbildschutz. Tausende von Schulkindern hatten 1960 Schoggitaler verkauft, um die mittelalterliche Holzbausiedlung zu retten. Das barock bemalte Schlangenhaus am Seeufer berichtet aus dem Leben des einfachen Volkes. Das 2015 wiedereröffnete Museum im Schloss widmet sich der Obrigkeit. Die Ausstellung versteht sich als Kommentar zur Architektur: So vermitteln die Schattenprojektionen in der Schlossküche mit ihrem russigen Gewölbe nicht nur Informationen, sondern machen das Bauwerk erst richtig erfahrbar. Mit einem reichen Veranstaltungsprogramm ist Schloss Werdenberg ein kulturelles Zentrum der Region.

MAISON AUX SERPENTS ET CHÂTEAU

La restauration de la petite ville de Werdenberg constitua un jalon en matière de protection des sites construits. En 1960, des milliers d'écoliers avaient vendu des Ecus d'or pour sauver cette cité en bois médiévale. Au bord du lac, la maison ornée de peintures baroques serpentines raconte la vie du simple peuple. Quant au musée du château, qui a rouvert ses portes en 2015, il est consacré aux autorités. L'exposition est conçue comme un commentaire de l'architecture. Ainsi, les ombres chinoises projetées dans la cuisine à la voûte noire de suie ne véhiculent pas seulement des informations, mais permettent de mieux percevoir l'édifice. Avec son riche programme de manifestations, Schloss Werdenberg est un véritable pôle culturel régional.

41

MUSEEN WERDENBERG

WERDENBERG / SG

KONTAKT

Pavillon Landesplattenberg, 8765 Engi
079 933 22 93
www.plattenberg.ch
mit Führung gemäss Website

•

BAUDATEN

Erste urkundliche Erwähnung
Schieferbergwerk 1565

DIE SCHIEFERKATHEDRALE

Jeder einzelne Pickelschlag ist an den Wänden der bis zu 25 Meter hohen Gewölbe noch erkennbar. Da die Gesteinsschichten im Plattenberg schief liegen, entstand durch den jahrhundertelangen Abbau ein einzigartig geformtes Stollenwerk, das sich tief in den Berg erstreckt. Die Arbeiter starben jung an Staublungen. Das Bergwerk wurde 1961 stillgelegt. Um den Zeugen des einst so wichtigen Wirtschaftszweigs zu erhalten und die perfekte Akustik zu nutzen, wurde das Stollennetz unter ingenieurtechnischem Grossaufwand gesichert. Die wirkungsvolle Beleuchtung und eingebaute Erschliessungswege machen die Stätte, die auch durch seltene Funde von versteinerten Schildkröten von sich reden machte, erfahrbar.

LA CATHÉDRALE D'ARDOISE

Chaque coup de pic se distingue encore sur les parois de la voûte, qui atteint jusqu'à 25 mètres de hauteur. Comme le Plattenberg se compose de strates inclinées, les activités d'extraction de l'ardoise ont généré, au fil des siècles, des galeries d'une forme tout à fait particulière, qui s'enfoncent loin dans la montagne. Les ouvriers mouraient tôt de silicose. La mine fut fermée en 1961. Afin de conserver ce témoin d'un secteur économique autrefois primordial pour la région et d'en exploiter l'acoustique exceptionnelle, le réseau souterrain a fait l'objet d'importantes mesures techniques de sécurisation. Un éclairage spectaculaire et des chemins spécialement aménagés permettent d'explorer le site, qui avait aussi fait parler de lui pour ses fossiles de tortues.

42
LANDESPLATTENBERG

ENGI / GL

KONTAKT
Via principala 90, 7166 Trun
081 943 11 39
www.trun.ch
Mitte April–Ende Oktober, Mo/Mi/Sa/
jeden 2. und 4. So im Monat: 14–17 Uhr

•

BAUDATEN
Erbaut im 17. Jh: Pedrut de Rungs
Renovation 1991: Monica Brügger

EHEMALIGES RATHAUS DES GRAUEN BUNDES

Unter dem Ahorn von Trun wurde 1424 der Zusammenschluss von 21 Gerichtsgemeinden des Vorder- und Hinterrheintals zum «Grauen Bund» neu beschworen. Eine Darstellung der Szene ziert die Decke des Landrichtersaals. Der dreistöckige kubische Giebelbau an der Hauptstrasse gründet auf einem mittelalterlichen Fundament und diente den Äbten des Klosters Disentis als Sommerresidenz. Aus finanziellen Gründen sah sich das Kloster 1859 gezwungen, seine Besitze in Trun an private Käufer zu veräussern. Mit Hilfe von Bund, Kanton und Gemeinden konnte das Haus 1932 übernommen und zu einem Regionalmuseum umgebaut werden. Zwei Ausstellungsräume sind den Truner Kunstmalern Alois Carigiet und Matias Spescha gewidmet.

ANCIENNE MAISON DU CONSEIL DE LA LIGUE GRISE

Sous l'érable de Trun fut renouvelé, en 1424, le serment d'alliance des 21 juridictions de la vallée du Rhin antérieur et postérieur qui formaient la Ligue grise. Une représentation de la scène orne le plafond de la salle des *Landrichter*. Bordant la rue principale, l'édifice à pignon de trois niveaux sous les combles repose sur des fondations médiévales. Il servait de résidence d'été aux abbés du monastère de Disentis. En 1859, l'établissement conventuel se vit contraint, pour des raisons financières, de vendre à des privés les biens qu'il possédait à Trun. En 1932, grâce à l'aide de la Confédération, du Canton et des communes, la maison put être rachetée et transformée en musée régional. Deux salles d'exposition sont dédiées aux peintres de Trun Alois Carigiet et Matias Spescha.

43

MUSEUM SURSILVAN

CUORT LIGIA GRISCHA, TRUN / GR

KONTAKT

Hofstrasse 1, 7001 Chur
081 257 48 40
www.raetischesmuseum.gr.ch
Di–So: 10–17 Uhr

•

BAUDATEN

Erbaut 1680
Restauration und Umbau 1983
Neugestaltung 2007–2011:
gasser, derungs

VON ZUCKERBÄCKERN UND STEINBOCKPULVER

Eveline Widmer Schlumpfs Porträt hängt gleich neben Napoleon Bonapartes Konterfei in der Bündner Ahnengalerie. Wer hatte und hat Macht im Kanton Graubünden? Wie erkennt man Macht und wie wird sie ausgeübt? Im einstigen Haus des Oberst und Landammann Paul Buol werden spannende Fragen gestellt. Vielschichtige Inszenierungen und stimmungsvolle Räume laden dazu ein, auch unbekannte Aspekte Graubündens und seiner Einbettung in die Welt zu entdecken. Riesige Steinplatten in den breiten Korridoren, kunstvoll geschmiedete Gitter und eine imposante Kreuzfirstkonstruktion zeugen von hochstehender Baukunst.

PÂTISSIERS ET POUDRE DE CORNE DE BOUQUETIN

Dans la galerie d'ancêtres grisonne, le portrait d'Eveline Widmer Schlumpf côtoie celui de Napoléon Bonaparte. Qui avait, qui a le pouvoir dans le canton des Grisons? A quoi reconnaît-on le pouvoir, et comment s'exerce-t-il? Les questions posées dans l'ancienne maison du colonel et landamman Paul Buol sont passionnantes. De riches mises en scène et des salles pleines de caractère invitent à découvrir des aspects méconnus des Grisons et de leurs relations avec le monde. Les énormes dalles de pierre des larges corridors, les grilles ouvragées en fer forgé et la toiture à double faîtage en croix de l'édifice témoignent d'un art consommé de la construction.

44
RÄTISCHES MUSEUM
CHUR / GR

KONTAKT

Plazi 2A, 7482 Bergün

081 420 00 06

www.bahnmuseum-albula.ch

Mitte Dezember–Mitte November,
Di–Fr: 10–17 Uhr,
Sa/So/Feiertage: 10–18 Uhr

•

BAUDATEN

Erbaut 1919

Umbau 2012: Ruch & Partner /
Kaschka Knapkiewicz und Axel Fickert

UNESCO WELTERBE RHÄTISCHE BAHN

Zahlreiche Kehrtunnels und Brücken mussten erstellt werden, um die grossen Höhendifferenzen auf der Strecke zwischen Thusis und Tirano für die Eisenbahn befahrbar zu machen. Allein für den bautechnisch anspruchsvollsten Abschnitt der Albulalinie erstellten 5000 Arbeiter in fünf Jahren 137 Brücken und 42 Tunnels. 2008 wurde das einzigartige Zusammenspiel von Technik und Landschaft zum UNESCO Welterbe erklärt. Das Bahnmuseum Albula im umgebauten Zeughaus von Bergün ist ein guter Ausgangspunkt, um die baukulturelle Meisterleistung zu erkunden. Die Gedankenreise lässt sich im hübschen Ortsmuseum und zu Fuss auf dem Bahnerlebnisweg von Preda über Bergün nach Filisur fortsetzen.

LES CHEMINS DE FER RHÉTIQUES AU PATRIMOINE MONDIAL DE L'UNESCO

Pour que le chemin de fer puisse franchir les importants dénivelés du tronçon Thusis-Tirano, il fallut réaliser de nombreux ouvrages d'art. Pour la seule ligne de l'Albula, quelque 5000 ouvriers construisirent, en cinq ans, pas moins de 137 ponts et 42 tunnels. En 2008, cette exceptionnelle alliance entre technique et paysage fut classée au Patrimoine mondial de l'UNESCO. Aménagé dans l'ancien arsenal de Bergün, le Musée du chemin de fer de l'Albula est un bon point de départ pour découvrir ce chef-d'œuvre de la construction ferroviaire. Le voyage imaginaire peut se poursuivre dans le joli musée local et, à pied, sur le chemin didactique reliant Preda à Filisur via Bergün.

45
BAHNMUSEUM ALBULA
BERGÜN / GR

KONTAKT

Mulins 2, 7503 Samedan
081 852 12 72
www.chesaplanta.ch
Do: 15–18 Uhr

•

BAUDATEN

Erbaut 1595:
Johann Travers von Salis
Erweiterung 1760
Renovation 1946: Max Alioth

SCHLUMMERNDE ENGADINER SCHÖNHEIT

Das «Nouv Testamaint» von Giachem Bifrun gilt als erstes gedrucktes Werk der ladinischen Literatur. Das Schriftstück aus dem Jahr 1560 ist eines von vielen wertvollen Dokumenten im Archiv der Biblioteca Rumauntscha in der Chesa Planta, die sich als Hort der rätoromanischen Sprache und Kultur versteht. Auch das Kulturarchiv Oberengadin hat seinen Sitz im barocken Alpenpalast. Im Juli finden Sprachkurse in Puter (Oberengadiner Romanisch) statt. Die prominente Fassade zum Platz wurde 1945 nach einem Bombenschaden rekonstruiert. Die Unterengadiner Täferstube aus dem Jahr 1723 wurde 1946 eingebaut, ansonsten wurden alle Räume möglichst im Originalzustand belassen.

UNE BEAUTÉ ENGADINOISE ENDORMIE

Le «Nouv Testamaint» de Giachem Bifrun passe pour le premier ouvrage imprimé de la littérature ladine. Cet écrit de 1560 est l’un des nombreux documents précieux que recèlent les archives de la Biblioteca Rumauntscha, installées dans le havre de la langue et de la culture rhéto-romanes qu’est la Chesa Planta. Ce véritable palais baroque alpin abrite d’ailleurs aussi les archives culturelles de la Haute-Engadine. En juillet y sont donnés des cours de langue en putér (dialecte haut-engadinois). L’imposante façade donnant sur la place fut reconstruite en 1945 après avoir été endommagée dans un bombardement. Si la chambre lambrissée bas-engadinoise de 1723 fur aménagée ici en 1946, toutes les autres pièces ont été laissées, tant que faire se pouvait, dans leur état d’origine.

46
CHESA PLANTA
SAMEDAN / GR

CONTACT

Passo del San Gottardo, 6780 Airolo

091 869 15 57

www.sasso-sangottardo.ch

de juin à mi-octobre, 10h30–15h
selon le site web

•

DATES DE CONSTRUCTION

Construit en 1945 comme bureau du fort

Transformation en musée 2012

IM INNERSTEN DES «RÉDUIT NATIONAL»

Kriegstechnik war und ist Auslöser für viele landschaftsprägende Bauwerke. Das Artilleriewerk «Sasso da Pigna» versteckt sich tief im Innern des Gotthardmassivs und hat aufgrund der veränderten Bedrohungslage eine friedliche Umwidmung erfahren. 2001 wurde die Geheimklassifizierung der Festung aus dem Zweiten Weltkrieg aufgehoben. 2 Kilometer der Stollen auf über 2000 m. ü. M. sind nun öffentlich zugänglich. Im unteren Teil der Anlage werden die grössten jemals in den Alpen gefundenen Bergkristalle gezeigt. Der Schräglift «Metro del Sasso» bringt die Besucher in den historischen Teil des Museums. Hier wird der Alltag der Armeeangehörigen in der Verteidigungsanlage eindrücklich bezeugt.

AU CŒUR DU RÉDUIT NATIONAL

Le développement des techniques militaires est à l'origine de nombreuses transformations du paysage. Caché dans les entrailles du massif du Gothard, le fort d'artillerie «Sasso da Pigna» a connu, du fait de l'évolution des menaces pesant sur le pays, une reconversion pacifique. En 2001, cet ouvrage datant de la Seconde Guerre mondiale a été déclassifié. Aujourd'hui, deux kilomètres de galeries situées à plus de 2000 mètres d'altitude sont accessibles au public. Dans la partie inférieure du complexe sont exposés les plus grands cristaux de roche jamais découverts dans les Alpes. Le «Metro del Sasso» transporte les visiteurs dans la partie historique du musée, qui offre un aperçu saisissant de la vie des militaires au sein de la forteresse.

47

SASSO SAN GOTTARDO

AIROLO / TI

CONTACT

Casa Stanga, 6745 Giornico
091 864 25 22
www.museodileventina.ch
du 6 avril au 30 octobre,
mar–dim: 14h–17h

•

DATES DE CONSTRUCTION

Casa Stanga et Casa Clemente
construites au XVIe siècle
Rénovation et restructuration
par AM-T Architettura / Reto a Marca

IDENTITÄT UND RITUALE

Die Wappen von illustren Gästen aus ganz Europa zieren die Fassade der Casa Stanga und der Casa Clemente auf der Via Francigena, dem Pilgerweg nach Rom. Giovanni Battista Tarilli und Domenico Caresana hatten 1589 die Menschen auf der Durchreise symbolisch auf den Fresken in Giornico verewigt. Was bleibt? Woraus konstituieren sich individuelle und kollektive Identitäten? Was für eine Bedeutung haben Rituale, um Identitäten zu schaffen? Mit der kürzlich erfolgten Restauration und Neukonzeption geht das Museum neue Wege. Ein Archiv mit Dokumenten zur Migration und eine Zusammenstellung von Multimedia-Dokumenten aus den Archiven des RSI stellen die Menschen der Leventina ins Zentrum.

IDENTITÉS ET RITUELS

Sur la Via Francigena, chemin de pèlerinage vers Rome, les façades de la Casa Stanga et de la Casa Clemente arborent les armes d'illustres hôtes provenant de toute l'Europe. En 1589, Giovanni Battista Tarilli et Domenico Caresana avaient symboliquement immortalisé les gens de passage dans leurs fresques de Giornico. Qu'est-ce qui perdure? De quoi sont faites les identités individuelles et collectives? Quelle est l'importance des rituels dans le processus de constitution de ces identités? Récemment rénové et restructuré, le musée emprunte de nouvelles voies. Le fonds d'archives, qui comporte des documents relatifs aux migrations et une série de documents multimédias issus des archives de la RSI, accorde une place centrale aux habitant-e-s de la Léventine.

48 MUSEO DI LEVENTINA

GIORNICO / TI

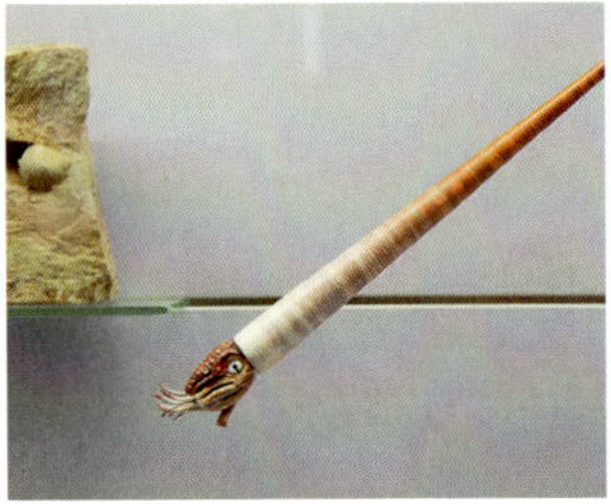

CONTACT
Museo dei fossili, 6866 Meride
091 640 00 80
www.montesangiorgio.org
mar–dim: 9h–17h

•

DATES DE CONSTRUCTION
Transformation et agrandissement 2012
par Mario Botta

VIER MILLIONEN JAHRE EVOLUTIONSGESCHICHTE

Ein lebensechtes Modell des «Ticinosuchus» begrüsst die Besucher im viergeschossigen Empfangsraum. Eine Kopie des versteinerten Originalskeletts des landlebenden Sauriers, der vor 242 Millionen Jahren im Mendrisiotto gelebt hat, hängt gleich gegenüber an der Wand aus korrodierten Stahlplatten. Es ist einer der vielen spektakulären Funde aus dem Gebiet des Monte San Giorgio. Fünf übereinander folgende fossilienhaltige Schichten dokumentieren die Evolution von verschiedenen Organismengruppen über einen Zeitraum von etwa vier Millionen Jahren. 2003 zum UNESCO Welterbe erklärt, erhielt der Monte San Giorgio im Dorfkern von Meride durch den Umbau von ehemaligen Heuschobern und Ökonomiegebäuden ein Besucherzentrum.

QUATRE MILLIONS D'ANNÉES D'HISTOIRE DE L'ÉVOLUTION

Dans le hall à quatre niveaux du musée, les visiteurs sont accueillis par la reconstitution grandeur nature d'un «Ticinosuchus». Une copie du squelette original fossilisé de ce saurien terrestre, qui vivait dans le Mendrisiotto il y a 242 millions d'années, est accroché juste en face, contre une paroi en plaques d'acier corrodé. Il s'agit de l'un des nombreux vestiges spectaculaires retrouvés dans la région du mont San Giorgio, inscrite depuis 2003 au Patrimoine mondial de l'UNESCO. Cinq couches fossilifères successives documentent l'évolution de divers groupes d'organismes sur une période d'environ cinq millions d'années. Au centre du village de Meride, un groupe d'anciens fenils et autres bâtiments d'exploitation a été transformé en un centre d'accueil pour visiteurs.

49

MUSEO DEI FOSSILI

DEL MONTE SAN GIORGIO, MERIDE / TI

CONTACT

Casa Cantoni, 6838 Cabbio

091 690 20 38

www.mevm.ch

mar–dim: 14h–17h

•

DATES DE CONSTRUCTION

Construit au XVIIIe siècle

Restauration en 2003

par Meyer Thomas Valenti Stefano

KULTURLANDSCHAFT ALS MUSEUM

«Il vero Museo è nel territorio!» heisst es am Empfang. Die Casa Cantoni dient als Ausgangspunkt für die Erkundung der reichen Kulturlandschaft des Muggiotals und vermittelt die Grundlagen, um die Spuren des menschlichen Lebens im Gelände deuten zu können. Meist löste die Absenz oder Präsenz des Elements Wasser die prägenden Eingriffe aus. Das stattliche Haus der Architekten- und Stuckateurfamilie Cantoni gehört zu den bedeutendsten Bauwerken der Region. Baldassarre Fontana aus Chiasso, einer der gefragtesten Künstler seiner Zeit, machte den italienischen Barock nördlich der Alpen populär und soll auf einem Heimbesuch aus Polen und Tschechien den Minerva-Kamin im grossen Saal gestaltet haben.

LE PAYSAGE COMME MUSÉE

«Il vero Museo è nel territorio!», lit-on à l'accueil. La Casa Cantoni sert de point de départ pour l'exploration du riche paysage culturel de la vallée de Muggio, et fournit les bases nécessaires pour interpréter les traces de l'activité humaine dans le territoire. La plupart des interventions marquantes ont été suscitées par la présence ou l'absence d'eau. L'imposante maison de la famille d'architectes et de stucateurs Cantoni compte parmi les plus importants édifices de la région. Baldassarre Fontana de Chiasso, l'un des artistes les plus sollicités de son époque, popularisa le baroque italien au nord des Alpes et créa probablement la cheminée à la Minerve de la grande salle lorsqu'il revint de Pologne et de Tchéquie pour une visite au pays.

50

MEVM

MUSEO ETNOGRAFICO DELLA VALLE DI MUGGIO, CABBIO / TI

DIE SCHWEIZER MUSEUMSLANDSCHAFT IN ZAHLEN

Im Jahr 2015 waren in der Schweiz rund 1150 Museen bekannt.

Knapp drei Viertel davon befinden sich in der deutschsprachigen und rätoromanischen, knapp ein Viertel in der französischsprachigen und ca. 7 % in der italienischsprachigen Schweiz.

Die regionalen und lokalen Museen machten im Jahr 2013 36 % aller Schweizer Museen aus, verzeichneten aber nur 7 % der Eintritte.

Gut ein Drittel der knapp 21 Mio. Museumseintritte im Jahr 2013 entfiel auf Zoologische und Botanische Gärten.

Das meistbesuchte Museum der Schweiz (exklusive Zoologische und Botanische Gärten) war 2013 das Verkehrshaus der Schweiz in Luzern mit 519'381 Eintritten.

Ausführliche Statistiken zu den Schweizer Museen:
Verband der Museen in der Schweiz VMS, Museumsbesuche in der Schweiz, Statistische Berichte www.museums.ch/studien/statistik
Bundesamt für Kultur BAK: Taschenstatistik Kultur in der Schweiz www.bak.admin.ch/themen › Kulturstatistiken

LE PAYSAGE DES MUSÉES SUISSES EN CHIFFRES

En 2015, on comptait quelque 1150 musées en Suisse.

Près des trois quarts d'entre eux se trouvent en Suisse alémanique et rhéto-romane, un petit quart en Suisse romande et environ 7 % en Suisse italienne.

En 2013, les musées régionaux et locaux constituaient 36 % de tous les musées suisses, mais n'ont enregistré que 7 % des entrées.

Un bon tiers des 21 millions d'entrées enregistrées par les musées suisses en 2013 l'ont été par les jardins zoologiques et botaniques.

Toujours en 2013, le musée suisse le plus visité (jardins zoologiques et botaniques non compris) a été le Musée suisse des transports de Lucerne, avec 519'381 entrées.

Pour des statistiques détaillées sur les musées suisses, consulter:
Association des musées suisses (AMS), fréquentation des musées suisses, rapports statistiques www.museums.ch/fr/études/statistique.html
Office fédéral de la culture (OFC): statistique de poche de la culture en Suisse www.bak.admin.ch › Thèmes › Statistiques culturelles

SCHWEIZER HEIMATSCHUTZ
PATRIMOINE SUISSE
HEIMATSCHUTZ SVIZZERA
PROTECZIUN DA LA PATRIA

ÜBER DEN SCHWEIZER HEIMATSCHUTZ

Der Schweizer Heimatschutz (SHS) ist die führende Schweizer Non-Profit-Organisation im Bereich Baukultur. Wir sind ein Verein und bestehen seit 1905 als Dachorganisation von 25 kantonalen Sektionen. Wir setzen uns für Baudenkmäler aus verschiedenen Epochen ein und fördern zeitgemässe, gute Architektur bei Neubauten. Jährlich verleihen wir einer Gemeinde den *Wakkerpreis* für ihre vorbildlichen Leistungen in der Siedlungsentwicklung und zeichnen mit dem *Schulthess Gartenpreis* eine aussergewöhnliche Arbeit auf dem Gebiet der Gartenkultur aus. Mit dem Verkauf des *Schoggitalers* unterstützen wir seit Jahrzenten wegweisende Projekte in Heimat- und Naturschutz. Im 2013 eröffneten *Heimatschutzzentrum* in der Villa Patumbah in Zürich kann Baukultur hautnah erlebt werden. Und mit unserer Stiftung *Ferien im Baudenkmal* bieten wir Ferienwohnungen in ausgesuchten historischen Bauten in der ganzen Schweiz.

www.heimatschutz.ch

A PROPOS DE PATRIMOINE SUISSE

Patrimoine suisse est la plus importante organisation suisse sans but lucratif active dans le domaine du patrimoine bâti. L'association a été créée en 1905 en tant qu'organisation faîtière de 25 sections cantonales. Nous nous engageons en faveur des monuments de différentes époques. Lors de la construction de nouveaux bâtiments, nous prônons une architecture contemporaine de qualité. Nous décernons chaque année le *Prix Wakker* à une commune pour ses prestations exemplaires dans l'aménagement de son territoire. Le *Prix Schulthess des jardins* récompense des réalisations de qualité dans le domaine de l'art des jardins. Avec le produit de la vente de *l'Ecu d'or*, nous soutenons depuis des décennies des projets exemplaires de protection du patrimoine bâti et de la nature. Le «patrimoine à fleur de peau», c'est l'expérience proposée dans la Villa Patumbah de Zurich depuis l'ouverture en 2013 de la *Maison du patrimoine*. Nous louons aussi des logements de vacances aménagés dans des bâtiments historiques soigneusement sélectionnés dans toute la Suisse par notre fondation *Vacances au cœur du Patrimoine*.

www.patrimoinesuisse.ch

WIR DANKEN / NOUS REMERCIONS

Allen Museumsverantwortlichen, die uns mit ihren Rückmeldungen und Informationen unterstützt haben.

Tous les responsables de musée qui ont soutenu cette publication en nous faisant bénéficier de leurs informations et réactions.

Cornelia Meyer und Roger Fayet für ihren freundlichen und aufgeschlossenen Rat in der Anfangsphase des Projekts, Marcus Casutt für Tipps und die Rückmeldung zur Objektwahl.

Cornelia Meyer et Roger Fayet pour leurs conseils amicaux et ouverts lors de la phase initiale de ce projet, Marcus Casutt pour ses conseils et avis relatifs au choix des objets.

Thomas Aschmann, Werner Bellwald, Christian Bischoff, Eric Bolomey, Gianni Christen, Nicolas Delachaux, Walter Eigel, Uta Feldges, Rosario Gonzáles, Philipp Gressly, Stefanie Magel, Cecilia Maurice, Delphine De Pretto, Magali Reichenbach, Daniela Saxer, Dorothée Schindler, Ludmila Seifert, Roman Sigg, Andreas Staeuble, Markus Vogt, Antoine Voisard, Christof Wamister, Esther Weber, Martin Wicki.

AUSGEWÄHLTE LITERATUR / BIBLIOGRAPHIE SÉLECTIVE

Verband der Museen der Schweiz VMS: Schweizer Museumsführer, Basel 2014

Nikolaus Meier, Identität und Differenz: zum 150. Jahrestag der Eröffnung des Museums an der Augustinergasse in Basel, Basler Zeitschrift für Geschichte und Altertumskunde, 2000

Marcus Casutt, Bundesstaat, Bundesstadt und die Berner Museen. Zur Schweizer Museumsarchitektur, 1820–1920, In: Kunsthistorisches Institut der Universität Zürich, Georges-Bloch-Jahrbuch 1998

Gesellschaft für Schweizerische Kunstgeschichte: Kunstführer durch die Schweiz, Band 1–4, Bern 2005-2011

WERKNACHWEIS / CRÉDITS

Die teilweise Abbildung von Werken erfolgt mit freundlicher Genehmigung von

Norman Dyhrenfurth; Installation zur Ausstellung *Himalaya Report*, Alpines Museum der Schweiz, Bern / 15)

Ernst Hohl, Ernst Hohl-Kulturstiftung, Haus Appenzell: Fotografie im Hintergrund, ROOTHUUS GONTEN, Gonten / 40

Œuvres partiellement reproduites avec l'aimable autorisation de

Norman Dyrenfurth, installation présentée dans le cadre de l'exposition *Himalaya Report*, Musée alpin suisse, Berne / 15

Ernst Hohl, Ernst Hohl-Kulturstiftung Haus Appenzell: photographie à l'arrière-plan, ROOTHUUS Gonten, Gonten / 40

IMPRESSUM

Herausgeber / éditeur
Schweizer Heimatschutz
Patrimoine suisse
Villa Patumbah
Zollikerstrasse 128
8008 Zürich
T 044 254 57 00

Texte / textes
Françoise Krattinger
Schweizer Heimatschutz /
Patrimoine suisse

Redaktion / lectorat
Patrick Schoeck-Ritschard,
Schweizer Heimatschutz /
Patrimoine suisse

Mitarbeit Recherche und Besichtigungen / collaboration aux recherches et aux visites
Nicolas Hunkeler,
Schweizer Heimatschutz /
Patrimoine suisse

Übersetzung / traduction
Léo Biétry, Lausanne

Korrektorat / correctorat
Salome Schoeck, Zürich

Fotografie / photographie
Christoph Oeschger, Zürich

Gestaltung / graphisme
Stillhart Konzept und Gestaltung GmbH, Zürich

Druck / impression
Stämpfli AG, Bern

Verkaufspreis / prix de vente
CHF 16.–
Heimatschutz-Mitglieder /
membres de Patrimoine suisse: CHF 8.–
Zürich, 2015

ISBN
978-3-9523994-6-0

UNSERE PUBLIKATIONEN

Bestellen Sie diese und viele weitere Publikationen des Schweizer Heimatschutzes unter www.heimatschutz.ch/shop oder per Tel. 044 254 57 00

NOS PUBLICATIONS

Commandez ces publications, ainsi que beaucoup d'autres sous www.patrimoinesuisse.ch/shop ou par tél. 044 254 57 00

Die schönsten Hotels der Schweiz /
Les plus beaux hôtels de Suisse

Die schönsten Bauten 1960–75 /
Les plus beaux bâtiments 1960–75

Die schönsten Cafés und Tea Rooms der Schweiz /
Les plus beaux cafés et tea rooms de Suisse

Die schönsten Bäder der Schweiz /
Les plus beaux bains de Suisse